JN074726

箱庭ものがたり

こころの綴りかた教室

菅佐和子　編著

木立の文庫

序文

岡田康伸

箱庭療法は河合隼雄先生がユング派分析家の訓練を受けているときに、D・カルフ氏から紹介されたSandspiel Therapieを、日本に適していると考えに導入した技法である。したがってこれは、ユング派分析心理学の流れを汲むものである。

箱庭療法は本来、心理治療家がクライエントに対して一対一で実施するものであるが、本書の編著者である菅や筆者などによって、心理療法家の訓練のために、あるいは自分のこころに関心のある人たちのために、実施することも試みられている。さらに、箱庭療法の応用としては、グループ力動を利用したグループ箱庭や、本書があつかった箱庭-物語法などが試みられている。

本書のなかでも、ユング派的な考えは「人の一生涯にはさまざまなことが起こり、それらを体験していくなかで、自分のこころに関心をもち、自分なりの物語を作って自分なりに年老い、死んでいくものである」と語られている。このように考えるなら、誰しも〝自分を振り返る〟機会を求めているともいえる。そうした方々に箱庭‐物語法というチャンスを提供し、自分について物語ってもらうというのが、この本のねらいである。

本書は、長年にわたり編著者が関心を持ち続けたテーマを集大成したものである。ここには長年の思いが集約され、それが研究協力者のこころの発達を加速させ、物語らせたことになった。そしてあたかも、本書が菅さんの物語になったようにさえ思える。

〝自分について知りたい〟とねがう人たちにぜひ、一読してほしい本である。

まえがき

現代社会に生きるわたしたちは、学校でも職場においても、周囲にうまく適応し、しかも負けないように、落ちこぼれないようにと競争し、常に上昇することを強いられているような気がしませんか?「身近な人と自分を比べても仕方がない、他人は他人、自分は自分」と、頭でわかっていても、つい比べてしまい、焦ったり落ち込んだりするのは、人間の業かもしれません。

職場では「ＩＴ革命」によって、仕事が楽になるどころか、それを習得するためにますますハードになり、また、ほんとうに必要かどうかわからない書類の提出がどんどん増えていきます。仕事そのもののストレスだけでも大変なのに、それに輪をかけて人間関係のストレスがのしかかってきます。「仕事が忙しいから、人間関係がギクシャクする」のではなく、「暇があれば、人間関係の比重が増して、余計にギクシャクする」というのが、哀しいけれども現実ではないでしょうか……。

カウンセラーのもとへは、そのような悩みの相談が数多く寄せられます。そしてカウンセラー自身も、職業生活においてそのような葛藤から解放されているわけではないのです。

人間関係が無いのは「寂しくて耐えがたい」けれど、人間関係のなかで息が詰まり「どこかへ逃げ出したくなる」ことも珍しくありません。そんな日常のなかで誰しも、「これがほんとうに自分の望んだ生活?」「これが自分らしい生き方?」と、こころに〝渇き〟や〝疑問〟を覚えることがあります。そんな日々に耐え続けると、心身が悲鳴を上げ、うつ状態になったり、からだが不調になったり、お酒やギャンブルに溺れることも決して稀ではありません。

「思い切って今の生活にピリオドを打って、もっと自然に触れ、自分らしく暮らしてみたい」と思っても、誰もがそれに踏み切れるわけではありません。経済的な裏づけがなければ、あとで困ることは火を見るより明らかです。大胆に踏み出せる人は別として、大きな変化ではなく、とりあえず日々の暮らしのなかで自分を癒し、リフレッシュさせる方法を探すのが、誰にでもできるリスクの少ない道と言えるかもしれません。

また、「溢れそうになっている思いをよくわかってくれる他者に聴いてもらいたい」「自分の気持を整理したい」「隠された〝こころの井戸〟を掘って、そこから生きるエネルギーを汲み上げたい」といったニーズも、多くの人が共有する思いではないでしょうか。

そのような思いに応える道は、多種多様、たくさん存在しています。わたしたちは、そのひとつとして、ここで紹介する《箱庭ものがたり》づくりが役に立つのでは?　と考えています。この本は、そんな〝こころの井戸掘り〟に皆様が親しんでくださるための、ささやかな試みです。

もくじ

わたしとのダイアローグ

はじまりの章

箱庭ものがたりの誕生

この本でこれから紹介していく《箱庭ものがたり》は、箱庭作品をつくったあとで、その作品をもとにして空想物語を作成する技法です。これは、非言語的表現としての箱庭づくりと、言語表現としての物語づくりを組み合わせるユニークな技法です。わたしはこの技法を〈箱庭-物語法〉と呼んでいますが、先行研究においては、『箱庭』と『綴り方教室』の抱き合わせ」[01]、「箱庭物語作り法」[02]、「サンドドラマ法」[03]などなど表記はさまざまあって、名称は未確立です。

※筆者がこの技法について初めて知ったのは「日本箱庭療法学会 第三回大会」〔一九八九年〕においてであった。この学会で筆者は片坐〔現・村上〕慶子氏の発表の指定討論を担当したが、その発表が「サンドプレイ-ドラマ法」に関するものだったのである。その技法にこころを惹かれた筆者は、この技法の活用法を模索してきたが、この章では、先行研究の展望を通してその起源と展開過程を振り返っておきたい。

●はじまりの始まり

《箱庭ものがたり》（箱庭-物語法）の発案者は、三木アヤ氏です。

三木氏は、一九六八年からの河合隼雄先生による教育分析のなかで、箱庭を置いてから物語（「モノローグ」）をつくるようになったことについて、「わたしの場合は、すべて、意図せずに生じた、内的自然に向かう必然としてのものです」「イメージを『箱庭』に展開したことで、結果的にはこの技法が促す物語性によって、心の変容が確認されながら自己探求になったわけでした」「こういうやり方が自分の内的世界の客観化を図り、かつ意識へ組み込むための手続きとしてわたしには都合がよかったのです」と述べています。[04][05]

箱庭づくりを通して〝物語〟が自然に湧き上がってきたのではないでしょうか。

それは、三木氏が心理療法家になる以前から短歌をつくる「歌人」であったことと無関係ではないでしょう。

短歌は、わずか三十一文字のなかに深い情緒を籠め、豊かなイメージの世界を展開することのできる、わが国古来の定型詩です。短歌においては、たとえ詠まれていることが事物や景色であっても、そこに情緒・抒情が伴われるのが前提となります。形のうえからは短歌らしきものは誰にでもつくれるかもしれませんが、それが読み手のこころに響き、こころのなかに呼び起こすものがあるかどうかは、まさに作品の質によります。

※三木アヤ氏は、河野裕子・馬場あき子の巻に始まる『現代女流短歌全集』全七五巻[06]のなかに一巻を占める著名な歌人である。

◐抒情のちから

馬場あき子氏は次のように説いています。07

・「詩歌に限らず総ての文学が感情を本とする事は古今東西相異あるべくも無之」と述べたのは子規ですが、それは感情の動きの大切さを、主観と客観の問題や、写生や象徴という方法以前の詩歌の根源にある要素として述べたものです。
・すぐれた歌には必ずよき抒情的内質がそなわっていて、歌おうとしている内容はこの抒情の力によって読者の心にしみ入ってくることもたしかなのです。
・抒情というものは決して気まぐれな心の動きによって生まれるものではなく、表現しようとする事柄や、言葉への熱意に生まれ、相当の情熱を伴うものであることも知ってほしいものです。

三木氏自身も「日本の古来に発生した民族の伝統に立つこの短い詩形を現在まで、道として、曲がりなりにもつくり続けたというそのことで、わたし自身がどれほど鍛えられる場の中にいたことだったかは、後になるほどよくわかりました」と述べています。

わたしは大学院生だった頃〔一九七二～一九七七年〕、指導教授である河合隼雄先生が『三木さんは短歌の世界で、そうとう鍛えられているから』と言われるのを何度か聞いたことがあります。河合先生は「何が」鍛えられているのかは言及されませんでした。当時のわたしは「鍛えられる」というと紋切型に「自我」という単語しか連想できず、河合先生の言われた意味が十分に理解できたわけではありませんでした。ただ、その言葉を四十年あまりも鮮明に記憶に留めてきたのは事実です。ここでは、視覚的なイメージと言語をつなぐ洗練された技量などが、意味されていたのではないでしょうか。

※筆者自身、以前から短歌には関心があり、五年ほど前から短歌づくりを学び始めた。そのなかで、例えば助詞ひとつの用い方によってその歌が醸し出すイメージに大きな差が生じることなどを教えられた。そのような体験を経て、「短歌の世界で鍛えられる」ということの意味がおぼろげながら理解できたような気がするのである。

〈箱庭-物語法〉（本書では《箱庭ものがたり》）は、このような三木氏自身の教育分析の過程のなかから生み出されたのでした。三木氏はみずからの体験（作品）を『自己への道——箱庭療法による内的訓育』という書物におさめています。[08] そして、みずからの内的体験を公開する理由としては、「『理解に導くのは、書物ではなく体験である』とユングはいっていますが、おこがましいことですが、その観点からならわたしのこの本はセラピスト自身の内的な存在を知る一方法として参考になるのではないかと考えました」と述べています。

●内面の秘密を語る

なお、三木氏の教育分析家である河合隼雄先生は、同書の解説で「実のところ、最初に三木さんからこの記録を公刊したいという相談を受けたとき、わたしはあまり賛成ではなかった。古来から、自己の内面の秘密について多くを語る人が、多くを失うということは、真理であるように考えられる」と一抹の危惧を表明しています。

そのうえで「三木さんの熱意はこれらを上回るものがあったし、その間に年月を経て、このような作品を受けいれる可能性は、わが国の中で以前よりはるかに高まって来ているという感じをうける。ここに公刊に至ったからには、できるだけ多くの人に受けいれられるものであって欲しいと願っている」と、公刊を承認した経緯を明らかにしています。そして三木氏は「どんな内的訓育でも、ただ一人きりでは終始することはでき難いということです。それを考えますと、わたしは、ここに改めてこの道の同行の機縁を持った分析家の河合隼雄先生に心底から感謝の言葉をささげたいと思います。すべては先生に始まったからです」と深甚の謝意を表しています。

かくして〈箱庭 - 物語法〉という技法が世に知られることになったのでした。

菅　佐和子

こころの井戸を掘る

箱庭療法は、内側が青く塗られた縦五七cm、横七二cm、高さ七cmの箱の中で、砂やミニチュア玩具を使って「自分の内的イメージにぴったりくる世界」を構成することでおこなう心理療法である。[01] そして、箱庭をつくってから、その作品をもとに〝空想物語〟を作成する技法が〈箱庭-物語（サンドプレイ-ドラマ）法〉である。[02-09]

箱庭と物語づくりを組み合わせる意味について、東山[10]は「箱庭制作時に無意識の内容が漏れ出すぎて支障をきたすことがあるため、ドラマをつくることで自我を関与させ、無意識の内容を意識化、整理、集約させて安全性を確保するため」と述べている。また、語るのではなく筋道をたてて「書く」という方法を選んだのは、箱庭の多くの発展可能性のなかから自分の内的課題を選択させるためだと言う。

さらに、作品をシリーズとして見る態度は、作成者の人間としての変容や発展可能性に寄与することや、見守り手がより多面的に箱庭作品を理解することにもつながる。[11] ここに、自我を関与させることによって作成者の内的課題を動的に、かつ道筋をつけて理解することが期待される。

本書ではこの技法を「治療」としてではなく、自己探求の方法として発展させたいと考える。こうした〈箱庭-物語法〉のスタンスやスタイルについては本書一七九-一八一頁を参照されたい。

第一章　うしなうことを巡って

《箱庭ものがたり》（箱庭-物語法）の物語作成では、従来の箱庭療法での治癒力だけでなく、内的課題に対する意識的・能動的な取り組みによる効果も期待できます。なかでも「死別」（特に自死や夭折）といった要因を含むものは、心身の健康に影響を及ぼしやすいことが知られています。また、〈箱庭-物語法〉の取り組みを通した、思考と感情とが統合される効果[12]や、喪失対象の無い世界についての「意味の再構成」[13-14]といった、喪失に適応し、心身の健康に寄与する効果も期待されています。

心理的・社会的・物質的にみずからの一部と感じていたものが主観的に失われた状態が「喪失体験」で、その喪失に適応していく過程のことを〝喪〟といいます。

フロイトが[15]〝喪〟を心理社会的な一連の過程であると論じてから、〝喪〟の過程についてさまざまな理論が構築されてきました。代表的なものとしては、受容に至るまでの段階を示した段階説[16]や、その順序をより柔軟に捉えた位相説[17-20]などがあります。近年では、〝喪〟の過程は自動的に進むものではなく、適応への課題に積極的に取り組むことが必要だとする課題説[21]も見られます。

●喪の語りと詩歌《うた》

全六回の箱庭ものがたりに加え、第①回・第②回および第⑤回では詩歌が創作されました。それらを通して展開されたのは、自死をした恋人の空良に対する〝喪〟の仕事でした。

翔さんは二十代後半の男性（大学院生）で、ものがたり期間は約三ヵ月（箱庭-物語法の実践研究に協力する目的で、隔週の計六回）。

翔さんはまず自由に箱庭を作成。完成後、見守り手に場面を簡単に説明し、デジタルカメラで撮影、画像を持ち帰った。次回までに、その画像を題材として空想物語を作成。紙に記載し、見守り手に手渡す。

見守り手は、経過中には特にコメントやプロンプトをせず、全六回終了後、箱庭の写真と物語を見守り手とつくり手が一緒に眺めながら、一時間枠での面談をおこなった。見守りは、筆者1〔小森〕が担当。筆者2〔菅〕は、必要に応じて筆者1へ助言・指導をおこなった。

ものがたり①

『空を飛んで、遠くに行けるような気がするんだよね』

青い空を見るたびに空良はそう呟いて、遠くに広がる空を見上げていた。

少しだけ、遠くに目を向けて空良は息を吐く。一瞬、悲しそうな顔をしたかと思うと笑顔になり、こう言う。

『自然がたくさんあるところに行きたいの。わたしも自然になりたい』

「自然？　自然なんてほら、そこらじゅうにあるじゃない」

僕は、そばにあったキンモクセイの木を指差して言う。

『わかってないな翔は。自然はもっと光ってるんだよ』

首を傾げてみせる僕に、空良はまた笑いかけて言う。


それから間もなく、空良はいなくなった。あまりにも突然だったけど、さほど驚かなかった。でも、ぼんやりしていると、寂しくて仕方なくなってしまい、次から次へと泣きたくなった。

目を閉じれば、君がいる。近くで笑っていた君はどんどん離れ、青になる。川を隔ててしまった後ろ姿は、幸せそうで、泣いているようで。

「もうすぐ、キンモクセイが香る季節だな」……ふと、そう考えて、また泣きたくなった。

ものがたり②

空良はいつも遠いところにいるような人だったけど、次第に、だけど確実に僕たちが一緒にいられる場所からは遠ざかっていった。

大好きな人がこんなに苦しんでいるのに。なんとかしてあげたいと思えば思うほど、何もしてやれないことに気づいた。ちょうど、檻の中で苦しむ人に手を伸ばすように。

『もう、いいよね。自分が惨めになるの』……そう言う空良を、僕は怒りと悲しみが入り混じったような気持で眺めることしかできなかった。深い森に沈んでいく、好きな人を。

空良は祈っていた。「楽になりますように」と祈るほどに、彼女と僕

との世界は離れ、彼女を思うほどに彼女を閉じ込める檻が強固であることがわかってしまう。
「うまくいかないもんだね」
僕は呟き、彼女が答える。
『うまくいかないよね』

ものがたり③

最近、空良とめっきり顔を合わさなくなった。家に行ってみても『調子が悪いんだ』と言って、扉を開けようとしない。扉の向こうから感じられる雰囲気には、嵐が吹き荒れていた。

散ったキンモクセイを見ながら歩いていると、携帯電話のバイブが鳴った。空良からのメール着信だった。

『この世界と融合できればいいのに』

僕はとまどいながら、その意味を尋ねる。

『しいて言えば、死ぬことに近い』

『まだわからないよ』

少しの間が空いて携帯が鳴った。届いたのは、何の文字も入っていないメールだった。

それだけでとても伝わってきたような気がして、彼女の世界に入れないことがわかる。

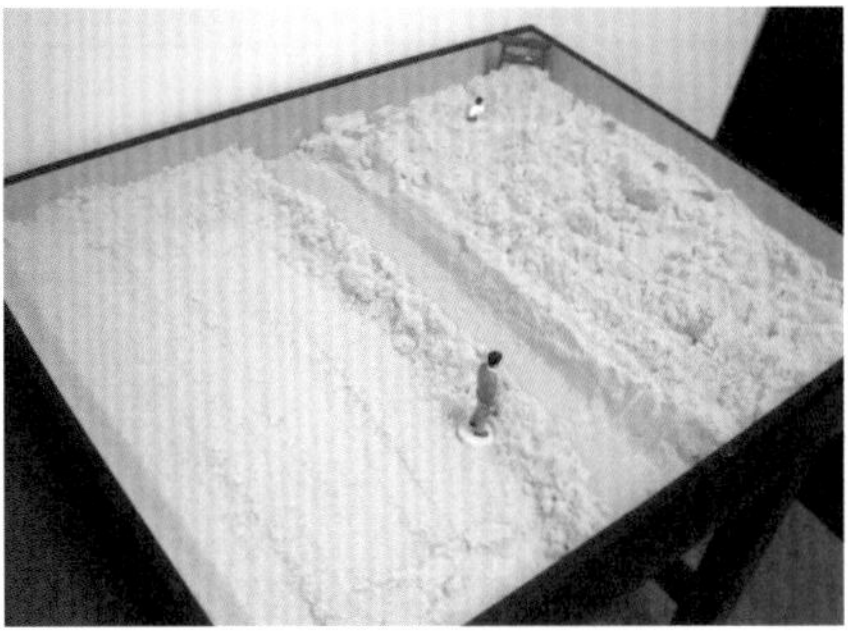

ものがたり④

『今回も、神様は受け入れてくれなかったよ』

久しぶりに会った空良は、うつろな目をして抑揚なく言う。これで三回目の自殺未遂だった。普通どおりに話せるときと、僕にはわからない恐怖に顔を歪めるときとを繰り返す空良を見ると、いろいろな気持が混じり合って、訳がわからなくなる。

『ねぇ翔、死んだ後には何があるんだと思う？』

「……どうだろう。わからないよ。たぶん、天国と地獄かな」

『わたしはね。何も無いと思う。死んだらそれでおしまい。何も無くなって、終わるの』

しばらくの沈黙があって、空良が言う。

『死ねなかったよ』

「うん」

まるで僕は、遠くからの声を聞いている気分だった。

ものがたり⑤

突然、携帯電話が鳴った。知らない番号からの着信にためらいつつ電話をとると、五十代くらいの男性の声。

「突然、申し訳ありません。わたし、空良の父親なんですが、お知らせしたいことがあってお電話差し上げました。先日、空良が亡くなりました」

思っていたほど、狼狽はしなかった。狼狽するには、悲しすぎたのかもしれない。

次の日、喪服を着て空良の実家に行くと、一気に十年も歳をとったように見える空良の母親が出迎えてくれた。線香の匂いがひときわ強い部屋に案内され、ふすまを開けると、大きな中陰壇。その前に座り、空良が元気な頃の遺影と対面する。空を眺めて、飛べるような気がすると笑っていた頃。久しぶりに見る空良の笑顔を前に、線香をあげて、手を合わせる。

「なぁ、空良。よかったのかなぁ」

そう呟くと、まるで腹の底から湧き上がってくるみたいに涙が止まらなくなった。情けなくなるくらいに。

詩歌⑤

ついに君は空を飛んだ／飛べるかもね／そういった君は／青く晴れた日に空を飛んだ

君の体をつくった散り散りは／それぞれが自由になり／散り散りに空を飛んだ

一つの君は北へ飛び／一つの君は南へ行く／遠くを焦がれた君は風に乗り／見上げた空になって地球をまわる

ついに君は空を飛んだ／青が好きだと／そう言った君は／青く晴れた日に青になった

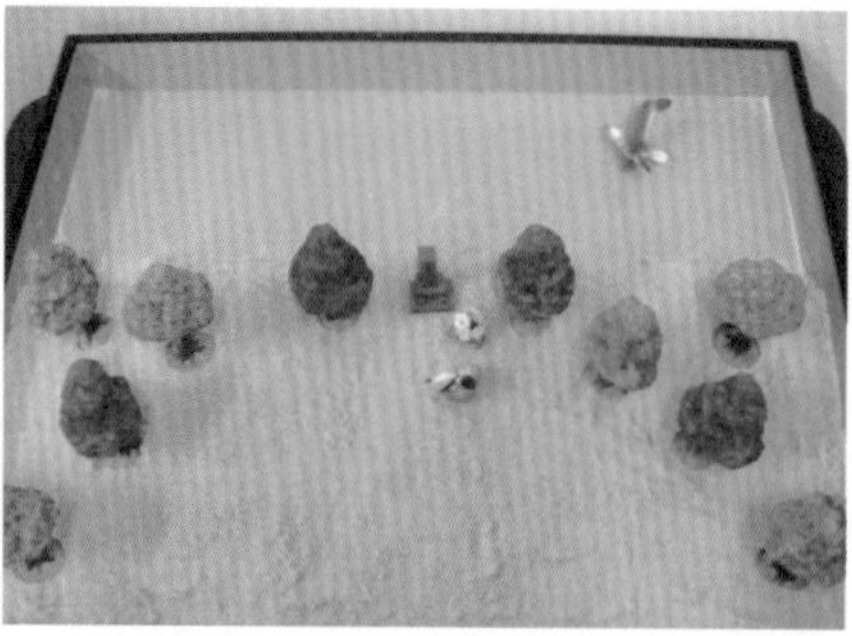

ものがたり⑥

空良のお墓があるお寺までの道のりを歩いていると、嬉しいからか、悲しいからかはわからないけど、胸が熱くなりながら凍りつくような感覚がある。視界に墓が入り、刻まれた空良の名前が見えると、ホッとしたような気持になって、時間がまた流れはじめる。


墓の前に立ち、数秒の沈黙。

「誕生日、おめでとう」

生きていれば二十八歳になるはずだった空良に話しかける。

「もう、何年も経つんだな。早いな」

そう言うと、突然、悲しくて仕方なくなって、「しまったな」と思いながら、ひとしきり泣いた。

死んだ人の誕生日を祝うなんて、バカバカしいことだと思う。半分以上は自分のためで、誕生日や命日なんて、ここに来る口実に過ぎないんだろう。それでも僕は、いつもそこにある墓に、安心を得る。好きな人がいる場所に。

「もう、行かなくちゃ」

別れを告げて、空良にキスをする。

空を見ると、さっきまであった雲がなくなって、ずっと続く青空になっていた。

◓翔の感じていたこと

事のはじまり　恋人の死から、漠然とした悲しみが整理されないままで気持に混乱が生じることがあり、わだかまる気持を何らかの方法で表現したいという思いが前々からありました。研究の目的と手法の説明を受け、際限なく動く感情とみずからの内面に向き合う絶好の機会であると考え、受諾することにしました。見守り手の存在によって、安心して作業に専念できました。

イメージとの対話　箱庭では、内面的にもつイメージを比較的そのままの形で表現できました。さまざまな感覚の複合として存在する心的イメージを、砂の感触などとともにより質感をもって表現できました。しかし、心的イメージはしばしば四次元的にもなり得ます。それを三次元の世界に起こそうとすると、ある程度の妥協をせねばなりませんでした。

他方、物語は思いどおりに動かない場合もありましたが、不規則にあった気持や思いに理解できる枠をつけ、内的世界をより客観的に見つめることが出来ました。

たった六回のなかに　膨大に思えた体験を六回の枠内に収めるのは、難しく思えました。しかし制限があったために、最も語りたいイメージを選別しながら意識にのぼらせ、向き合うことのきっかけになりました。すべてを語り切れたわけではありませんが、感情に整理をつける一歩になったのではないかと思います。

●見守り手の眼差

翔さんは、大切な対象である空良さんを「自死」というかたちで喪い、その衝撃や哀惜の念を自分のこころに納めることに苦慮していました。

そのような折に、筆者らが〈箱庭-物語法〉の研究協力者を求めていることを知り、自分の気持の整理と癒しにつながればと考え、参加を決意しました。わたしたちは《箱庭ものがたり》づくりが翔の苦しみを深めることになっては……と危惧しましたが、翔自身の自我の強さや知的能力に一定の信頼が置けること、必要が生じれば治療的介入が可能であることなどを考慮し、〃喪〃の仕事を見守ることにしました。

ここでは全六回の流れに沿って、解釈を進めたいと思います。概観すると、箱庭作品ではより無意識に近い水準での表現、そして物語作品ではより意識に近い水準での表現がパラレルになされているようでした。

※箱庭の解釈は、つくり手自身の体験的意味に加え、ユング心理学における拡充法をもとにおこなわれることが一般的である。[22] 拡充法では、比較宗教学や比較民俗学、神話や昔話の研究から得られた元型的イメージをたどり、人類にとって普遍的な象徴性にたどり着く。このような解釈の在り方にはマニュアル化されたものは無く、先行研究[23-37]を参考にしながらつくり手と見守り手の関係を母胎にして進めるものであるとカルフ[38]は述べている。

個性化に向けての旅立ちを思わせる場面がつくられた。作品を見ると、中央からやや左寄り上方[39]にある滝からつくられる川によって、世界が二つ[40]に隔てられている。一体のフィギュアが死の方向にある無意識の森に向かっているが、東山によると、それまでいた場所を離れて、何が潜んでいるかわからない森に向かうことは、新たな心理的課題に取り組むことを示すという。

森に向かうフィギュアが物語の空良でもあると考えると、作成者のこころのなかにあるアニマ（女性像）が表現されているのかもしれない。周りの色とりどりの珠は、女性性と深い関係があることも東山は示唆する。

男性であるつくり手が自我にアニマを採り入れることは、グノーシス思想に述べられる「両性具有」性を達成することにもつながるが、そのためには「死と再生」を経なければならない。川の両岸に布置されている二体のフィギュアが示す苦悩の表情は、現在ある自我の「死」と、新たな自我の「再生」を予想しての苦しみを表しているのかもしれない。

物語では、空良の死が描かれている。

「自然になった恋人」は今後翔のこころのなかでの居場所を見つけられる必要がある。しかし、自死による喪失に向き合うことには、相当の困難が伴う。喪失対象の肯定的側面について語ることが、その後に生ずる否定的側面を味わう支えになることをウォーデン[41]は述べているが、〝喪〟の仕事に向けての準備として「空良との思い出」が物語にも描かれているのかもしれない。

喪の仕事における第一の課題である「喪失の現実を受け入れること」[42]は第⑤回でより詳細に語

られることになるが、第①回の段階で既に触れられていることが特徴的である。六回で物語を終結させることが予め示されていたために、喪の仕事が前倒しされて進められたのではないか。時間的制限によって変化が急がれる現象は先行研究でも認められている。[43-45] しかしこれは、危機状態にもつながりうるものであるため、一度に向き合えるだけの感情を扱うような「適量対処」[46]の配慮も必要になるだろう。

第②回　表現されているのは、変化に向けての「籠り」であろう。無意識の森は、過去、ないしは受動性に向かう領域[47]に移っており、統合がおこなわれる過程での「領域の反転」[48]が起こっている。

森の中に籠る子どもは「眠り姫」を連想させるが、アニマが子どもとしての死を経て、女性としての再生を遂げるのであろうか。個性化の課題を促進しつつ自我が崩壊しないよう守りとなる予備的なマンダラ[49]からも、籠りを経て成熟したアニマが自我へと統合されていく過程が予想される。ただし、森のなかにいる蛇は「すべてのものを成熟と完成に至らしめる原理」[50]であると同時に、内的課題に痛みを伴うような干渉をしてくるともライス＝メニューイン[51]は述べており、課題を乗り越えることが容易ではないことが想像される。

物語では、空良に向ける翔の「怒り」がテーマとなっている。喪の仕事での第二の課題は「悲嘆の痛みを消化していくこと」[52]である。

ジョーダン[53]は、「あの人は、なぜ自殺したのか」「なぜ、わたしは自殺を防げなかったのか」「どうしてあの人は、わたしをこんな目にあわせるのか」という、自死による死別に特徴的な三つの主要なテーマを見出している。こういった「答えの無い疑問」にまつわり否定的な感情が生じるが、第②回の作品からは「無力感」や「怒り」などが読み取れる。

怒りや攻撃性といった感情は、自尊感情の低下とも関連するとウォーデン[54]が述べる一方、菅[55]によると、内的な変容を促すエネルギーの源でもあるという。箱庭作品ではマンダラや鉄格子、物語作品では詩歌という守りによってエネルギーがコントロールされている点は、今後の肯定的な変容を予想させる。

第③回　箱庭のテーマは「変容の始まり」であろう。籠りは続いているが、船の出航からは無意識のエネルギーが動きはじめていることがわかる。[56]

アニマは籠りながら無意識の海を探索しており、変容過程の途中にあることが示唆される。作成者自身が投影されていると考えられる男性のフィギュアは、作品②のときよりも無意識領域から距離をとって置かれている。鉄格子が木製の柵に変わっていたり、マンダラが消えていたりと、作品②よりも守りが少なくなっているために、無意識の世界との交流が容易になっている一方、無意識で起こる変容の荒々しさから距離をとらざるを得ないためだろうか。

物語では、抑圧ないしは否認が起こっているようである。「死」が描かれつつも、感情の動きはほとんど無く、直接的な空良の姿も描かれていない。

第②回での空良に対する否定的な感情に耐え切れなくなっての反応なのかもしれないが、意識から締め出されたままの喪の仕事は精神状態の破綻につながりうるため、最後まで慎重なモニタリングが必要だろう。[57,58]

当時のつくり手からは、若干の気持の波も報告されていたが、社会生活は送れており、ソーシャルサポートも期待できる状況だった。つくり手に継続の意思もあったことから、そのまま経過を見守ることとした。

第④回　箱庭では「アニマの誕生」があらわされている。

「領域の反転」や境界線の消失からは、変容や統合の過程が進んだことが示唆される。また、男性のいる岸と女性のいる岸がうっすらとつながっている構図からは、結合を経て国生みを成し遂げるイザナギとイザナミの邂逅を連想させる。しかし、「籠り」が明けたばかりのアニマは未だ弱々しい少女の姿で描かれており、箱庭全体としても意識と無意識との境界が不安定になっている。折り返しの回で回数の制限を意識してか、強引にでも「籠り」から出てこなくてはならなかったのだろう。

箱庭での感覚的な表現が、物語を通してイメージから意味へと明確化されるプロセスは、一人ひとりの神話[59]や自身の総合的掌握[60]をもたらす。しかし、物語は生成されるまでに相当の熟成期間を要する。[61,62] さらに、長谷川[63]が指摘するように、機の熟さない意味化や意識化には危険が伴うのかもしれない。

そんな危機のなか、少女の側に置かれた鳥居が変容と統合を見守る強力な安心材料である。

物語においては、否認と受容とのあいだでのアンビバレンスからの不安定さが描かれている。空良は再び姿を見せるようになり、「死」や「精神病」が直接的な表現で描かれるようになった一方で、翔の感情の揺れ動きは抑圧されている。

しかし、故人の喪失につながる表現が徐々に明確になってきたことは注目に値する。喪失やそれに関連する事象に意識を向けられるようになったことは、行動の変容でもあり、そうすることによって喪失を現実のものとして捉えることにつながるからである。[64]

第⑤回 しゃがんだ少女が成熟した女性に変化していることからも、テーマは「アニマの成立」であろうか。それと同時に、過去を表す箱庭の左側にある対岸には少女性が取り残されている。変容前の姿は諦めつつも、それを消し去ってしまうのではなく、こころのなかでの居場所を見つけてやることが今後必要になってくるかもしれない。

女性は、鳥居を神の使者でもある四匹の動物たちに導かれながらくぐっている。ユングによる

「四位一体」の考えにおいては、四という数字は、否定的な部分をも含めた統一性や統合性の象徴でもある。神域にある珠に向かって歩く女性は、「個性化」や、神性との統合を示す「ヌミノース体験」を連想させる。

物語では、空良の死をあつかう儀式的な内容となっている。第①回の物語では「いなくなった」と、死を連想させるのみの描写だったが、第⑤回では明確に「亡くなった」という表現で、現実世界での対象を諦める区切りが描かれている。

物語上で、喪失にともなう「感情の麻痺」や「悲しみ」などが言語化されるなど、悲嘆の痛みを消化する課題に取り組んでいるようである。感情を麻痺させることは、喪の仕事においては不健康な反応とは捉えられていない。[65] むしろ、湧き出る感情を自身が処理しうる量に調節する働きがあるのかもしれない。

ただし、故人の常軌を逸した行動や自殺企図が、自殺によって終焉を迎えたことによる安堵[66]は「罪悪感」にもつながりうる。[67] このことは、抑うつ的な感情を引き起こすこともあるため、注意が必要である。

第⑥回　箱庭が表現しているのは「統合」ないしは「個性化」であろう。

アニマと男性が統合されているだけではなく、それぞれがいた領域が統合された大地になっている。また、半円をなすように布置された木が、個性化を象徴するマンダラを形成していることが印象的である。

墓石を境界とした箱庭上方三分の一には神的な領域が広がっており、天地をつなぐ使者である鳥[68]が羽ばたいている。また、女性性は「つなぐ」機能をもつと東山[69]は述べているが、自我に統合されたアニマが、意識の世界と無意識の世界とをつなぎ、対話を可能にしているのかもしれない。

物語では「故人との永続的なつながりを新たに見つけ出す」ことが表現されているように思える。数年の時間経過を経て、空良のイメージは、追悼するにふさわしい墓地に移動され、墓が翔にとっての「安心を得る」場所になっている。

〃喪〃の仕事が終盤に差し掛かっていることの指標のひとつとして「故人のことを苦痛なく思い浮かべることができる」[70]ことが挙げられているが、安心感のある空良との新たな交流の在り方を見つけた翔も、この段階に近づいているのではないか。すなわち、心身の健康に影響を及ぼす苦痛の低減だけでなく、死別体験を自己の一部として取り入れ、心的な成長を得ることにもつながりうる。

おわりに

この章では、《箱庭ものがたり》が〝喪〟の仕事を促すことが示されました。けれども、喪失の意味やその裏側にある獲得に気づいて「故人のいない世界に適応する」段階[10]を経ずに物語が締めくくられている点も、見逃せません。回数や期間の制限が喪を促進する一方、《箱庭ものがたり》の終了を目前にし、区切りをつけざるを得ず、語りきれない部分が残されてしまう可能性も示唆されているのでしょう。

また、つくり手の「個性化」の過程もまた同時進行的に進む、ということが確認されました。すなわち、自我を積極的に関与させる〈箱庭‐物語法〉においても、無意識の水準での変容が起こる可能性が示唆されたわけです。

小森　國寿
菅　佐和子

第二章　つながりをつくる旅

第一章から始まっている「箱庭ものがたり」は、従来の「箱庭療法」とちがって、ごく短かい期間にこころのファンタジーに触れてみることを趣旨としています〔一七九―一八一頁〕。前川氏は四十代後半の男性（公務員）です。ものがたり期間は四ヵ月（隔週で計六回）、その後、面談を一回実施しました。

箱庭完成後、デジタルカメラで撮影し、次回までにその画像を題材にした物語を作成。次に箱庭を作成する際に、その物語を見守り手に手渡した。箱庭づくりの、時間制限はないが、各回とも二〇分程度。

全六回が終了後、箱庭の写真と物語を一緒に眺めながら一時間の面談をおこなった。なお、見守り手と面談は筆者1〔中垣〕が担当。筆者2〔菅〕は必要に応じて筆者1へ助言・指導をおこなった。

● 旅のはじまり

ものがたり①

ひろしさんは自動車免許を取った。嫌味な教官から何度もガミガミ言われながらやっとの思いで取れた運転免許。最初のドライブは大好きな彼女と行くんだ！　と決めていた。

必死でアルバイトをして買ったお気に入りの車。来週の日曜日が待ち遠しい。

けど、大きな国道に出るのは初めて。ドキドキ。けれど……彼女にはいい恰好を見せないといけないし……。

大きな湖、大きな山、大きな音で走るトラック、さあどうする。

待ちに待ったドライブ、絶好の青空。

けど、ひろしは、手に汗かいて、必死になって運転。大好きな彼女が話しかけることに耳を傾ける余裕がない。

『ねえ、話聞いてるの？』と彼女がつぶやく。

「ええっ、聞いているよ……」とあわてるひろし。
『うそー。さっきからぶつぶつ言って、返事もしてくれないじゃない』
と早口で返す彼女。
「そんなことないよ」とひろし。
『もう知らない！』
すっかり二人のあいだは冷め切ってしまった。

ものがたり②

かつて青々茂っていたと思われる山は、もう命の気配もなく、海にはもう生命の気配は見られない。油のような液体が辺り一面、魚が白い腹を見せて浮かんでいる。空の雲は銀色、時折、稲光の閃光が辺り一面を明るくし、山の斜面の形を浮かび上がらせている。まさにそこは死の世界。もしくはかつて繁栄していた世界が消滅し、もういちど生まれ変わる生への再出発かの様子を示している……太古の世界はこのような世界だったかもしれない。強い風、砂埃、誰も生きていないと思われたが、二人の親子が身を寄せ合って生きていた。この親子はどうして生き残ったのだろう、ほかには人が生きているようには思えない。これからどこに向かって歩みだすのだろうか……。

『ねえ、この映画なんだか怖いよ……』、隣で座っているひろしに彼女がささやいた。

「しーっ」

ひろしはこの映画をどうしても彼女と観たかった。前売りのチケット

を買っておくほど楽しみにしていたのである。きっと彼女も楽しんでくれると期待していた。
「あの母親役の女優は、アカデミー賞候補なんだよ、原作を読んだら面白かったんだよ、これから面白くなるんだって……」、ひろしは彼女に映画の蘊蓄を伝えたくて仕方がない。
『わたしは恋愛ものとかアニメのほうがよかったのに……、なんでこんな怖いような映画なんか選ぶのよ、デートでしょ、もー』
ひろしにはそんな彼女の言葉は聞こえてこない。映画が楽しくて仕方がない。

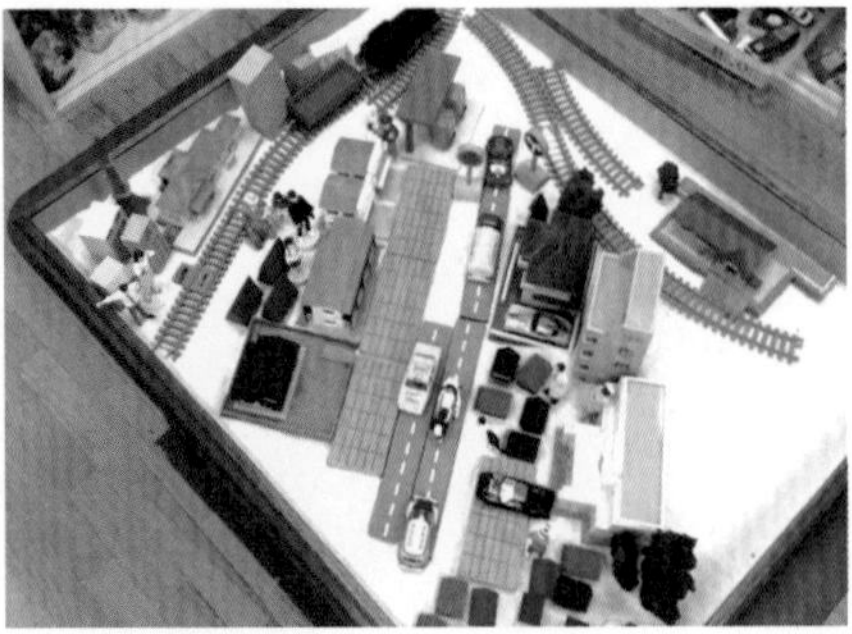

ものがたり③

人が住んでいる街は活気があっていいと思う。
人の声、自動車の音、電車の音、特に週初めの朝などはあわただしい。
そんな活気のある街が好きだ。

家族が住む住宅には、思い思いの凝ったデザインが施され、なかにはあたたかい生活の営みがある。車道を走る自動車は秩序正しく進んでいく。電車は決まった時間に駅に着き、大勢の人を乗せて進んでいく。皆、同じ方向へと向かうが、最終的な行先はそれぞれ違うことだろう。

特に変わったこともない、いつもと同じ光景、そんな平凡な光景だけど、そこには人のぬくもりを感じる。決して緑がいっぱい自然がいっぱいでもない、人の手でつくられた町並みだけど、どことなくあたたかい。
そんなどこにでもある街の光景が好きだ。

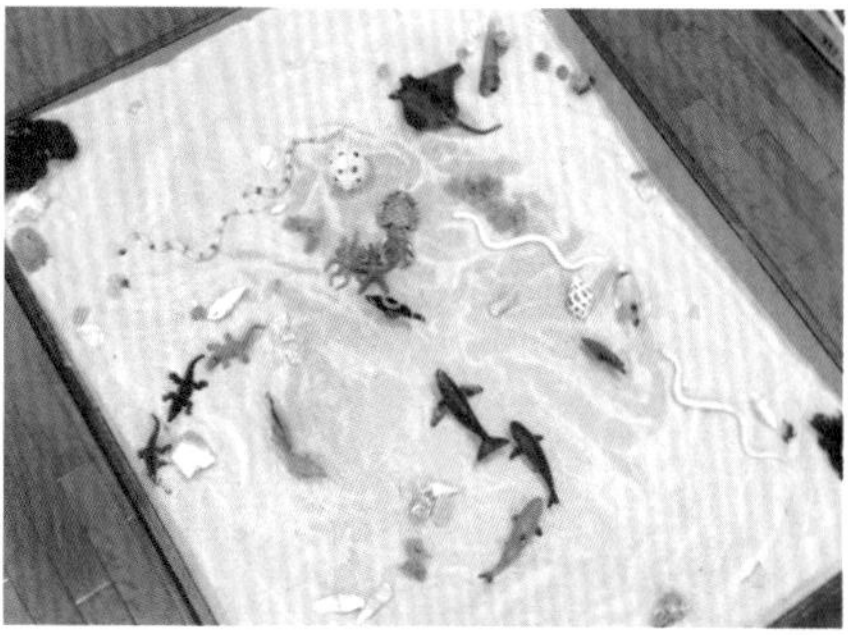

ものがたり④

海に潜ってみた。

最初はよく見えなかったが、目が慣れてきたらしだいによく見えるようになってきた。

海底まで沈んでみよう。結構深いぞ。しばらくすると。

不思議なほどきれいにかたどられた丸く大きなくぼみが見つかった。

そこには、図鑑でしか見たことのないような珍しい魚たちが数多くここで暮らしていた。

住み心地はよいのだろうか。魚たちは、楽しそうに海底の生活を謳歌している。

およそ、人が近づいてはいけない所なんだろう。そっとしておくほうが良さそうだ。


ああ、残念なことに息が続かなくなってきた。

仕方がない、あがるとするか。

ものがたり⑤

二人は「踏み込んではいけない」と伝えられている森に足を踏み入れたようである。

探検を生業にしている二人とはいえ、森の奥深くに入っていくことは大変なことだった。

いつしか日も暮れ、予定していたコースを外れてしまったようである。

「仕方がない、ここで野営するか」

「そうしましょう、朝になって帰り道を探しましょう」

しばらく進むと、うっそうと茂っているイバラの森から炎の明かり、なにやら声が聞こえてくる。

「えい、やあ、お前なんかに負けてたまるか！」「今日こそはやっつけてやる！」

大きな声と武器がぶつかる金属音。その周りを囲むさまざまな男たちの声。

「やい、絶対勝てよ、オレは有り金はたいてお前さんに賭けてんだぞ」

ますます声は大きくなり、暗い森のなかに響き渡っている。

どうやらそこは、夜な夜な男たちが集まって決闘をしている場所のようである。奥の方ではきれいな女の人が、男たちの闘いの様子をうかがっている。

「えらいところに来てしまったですね。隊長」若い隊員は、ガタガタと体を震わせている。

「あの奥にいる女の人はいったいどういう人なのだろう……」隊長がつぶやく。

ものがたり⑥

「ボクが思うのは、そんなのは映画のなかだけの話だって……」

ボクの親友の父さんは自称科学者。その親友から「そんなこと言わずに今度、家に来いよ、見せてやるよ。親父がついにタイムマシンを発明したんだって……」と誘われていた。

親友の父さんは今まで多くの発明をして世間に発表していたが、どれも役に立たないものばかり、すっかり近所でも変わり者扱いされている。この前も、一気に火事を消火する消防自動車を発明したからって、その実験のために自分の実験室にみずから火をつけて試したらしい。すると余計に燃え広がり、すっかり全焼……ってな感じ。

今回のタイムマシンには自信があるという。

タイムマシンにいざ乗り込む、「どうせなら恐竜の時代に行こう！ちょうど映画も公開しているし、家のはあんなＣＧじゃなくって本物だぞ！」

ボクと親友は、親友の父さんの指示通りにスポーツカーのようなタイムマシンに乗り込む。恐竜の時代にセット。タイムマシンが大きな音を

たてて震えだす。

しばらくすると、信じられないことに、白く美しい丘に、図鑑でしか見たこともないような多くの恐竜の姿がマシンの窓から見えた。恐竜の声らしき音も聞こえる、ケモノのような生臭い臭いもする。けどほんの一瞬だけで見えなくなった。ボクはもっと見たい気持でいっぱいだったが、タイムマシンはまだ開発中らしくこれが限界らしい。

「どうだいすごいだろう、オレの親父はみんな馬鹿にしてるけどすごいんだぜ！」

目の前には得意げな様子の親友と、不思議な出で立ちの親友の父さんが立っていた。信じられないけど、すごいことになっていることは理解できた。

●前川氏の感じていたこと

自分のことを振り返ってみたいと思って、研究に協力することにしました。

箱庭づくりは、初めは自分でも固いなと感じられて、ぎこちない自分を感じていましたが、砂についていく指の跡が面白く感じられたり、怖いと感じたりしながら、徐々になれていったかもしれません。四回目・五回目は本当に楽しくつくれて、作品にも満足感をもちました。

物語をつくることは、初めは「止まりながら」ということもありましたが、だんだん慣れてきて、先に物語ができてくるということもありました。

二回目の物語は、箱庭が破壊的・破滅的な作品になって自分でも怖くなって、映画仕立てにしたのかもしれません。四回目は作品で十分語られる感じがあって、物語というより、サブタイトル程度にしようと思いました。五回目の物語は、箱庭をつくりながら生まれていて、登場人物の一人ひとりに物語をつくることができる感じでした。六回目は、映画をもじっているところもありますが、物語に自分が入ってその世界を体験している感じでした。

六回という回数は、工夫もできるため、よかったです。

常は仕事のことを思い出しながら帰路につくのですが、箱庭をつくった日は、作品についてあれこれ感じたり考えたりしながら帰っていて、「ものづくりが好き」な自分を思い出しました。そもそも、ものづくりが好きだったのに、このごろそんな風に楽しんでいなかったことに気づきました。大好きだったものづくり、ものづくりの楽しさ、それを忘れていました。

今回、体験してから、プラモデルをつくったり、美術館に絵を見に行ったりするようになりました。ものづくりに触れ直すというか、ものづくりの気持が湧き上がる、ワクワクっていうか……そんな感じです。

◓見守り手の眼差

前川氏の自己探求の過程について、制作された六つの箱庭と物語の流れに沿って、見守り手の印象から味わってみようと思います。

第①回　まず砂をゆっくりかき分けるところから、制作が始まった。少しずつこころを開きながら内面を見ていこうとする様子のように感じられた。

同種のアイテムが二つずつ置かれているのが特徴的で、人物のフィギュアもペアで置かれている。「2」は相反する二極のものの存在を示す数字である。箱庭は、全体として調和的に見えるが、矛盾するあるいは対立的な状況をはらんでいて、そのことを理解しなおすこと、バランスをとっていくことが今回の体験のテーマになっていくかもしれない、と推測された。道路が凸凹の砂の上や岩に掛けて置かれていること、道路が切れていることからは、ある程度、内的に揺れる状況が生じていることがうかがわれる。

物語では、登場人物ひろしの思いが空回りし、彼女との関係が冷めてしまう。彼女への熱い気持はあるものの現実への対応が精一杯の状況で、思いはうまくかみ合わず、むしろ望まない方向へ関係が動いていく。「(頭で)考えてはいるが、(こころが)ついてこない」という状態をイメージさせる展開であり、自覚はされていないまでも、このうまくいかなさが、前川氏を自己探求に向かわせたとも考えられる。

「男性のこころの像は夢の中では女性像をとって現れることが多い」〔河合〕とされ、第①回の箱庭・物語両方に女性が登場している。物語で抗議の声を上げているこの女性は、前川氏のこころの像(内なる女性)だろうと推察される。今後前川氏の内なる女性は、どのようなメッセージを届けてくるのか? 前川氏はそれをどのように理解していくのか? まさしく自己探求の始まりの箱庭であり、物語であると思われた。

第②回　破滅したかのような世界が表現された。

海の生物の死骸が吹き溜められ、ほとんどの生物が死んでいるなかで、親子が祈り、マリア像がそれを守っている。山を囲む水の部分には、不規則に渦巻く水紋が描かれた。前川氏の「迷い」や「もがき」が伝わるとともに、こんな海流のところを船が進もうとしているのか? という困難性を感じさせるものであった。前川氏の内的世界で新たに調和を生み出していくためには、いったん「死」の世界をくぐることが必要であったのかもしれない。

物語ではまさに、迷いや戸惑いを抱えながらも「死の世界」「生への再出発」が描かれる。

興味深いのは、それが物語中の物語になっていることである。前川氏も述べているように、箱庭②を作成しているときの体験は予想以上に「怖い」ものであり、劇中劇に仕立てることで一定の距離を置くことができた。前川氏自身の健康度の高さもあるだろうが、物語をつくることで無意識の動きを適度に緩和できるという〈箱庭 - 物語法〉の優れた点とも考えられる。

ものがたり②においては再び彼女が登場しているが、ここでも彼女の言葉はひろしに届かない。むしろ、自分の思いが優先され内なる女性の言葉は置き去りにされてしまっている。「こころを向けてほしい」というメッセージを、まだ聴くことができていないのである。箱庭②の情景は、「内なる女性」の心象風景であるのかもしれない。

第③回　にぎやかな街並みがつくられた。小さな家や人々が密に置かれ、ざわめきを感じるような活気のある街並みであった。砂は何かを使って均されることはあったが、触られることはなかった。表面をアイテムでびっしり覆うかのように置かれていることもあり、内面を守っている印象が強い。破滅的な箱庭②を補償するようでもあり、もういちど内面を守りなおしているようでもある。

物語では、街並みの描写と平凡な営みへの愛情が綴られている。箱庭②③は「破滅」と「繁華」の両極に振れているように感じられるが、物語では「人のぬくもり」を愛しく思い、「最終的な行先はそれぞれ違うことだろう」と、さまざまな在りようにこころを寄せている。第③回の箱庭にも物語にも、彼女は登場していないが、前川氏が内なる女性からのメッセージを感知し始めているのではないかと推察される。

第④回　海、海底がつくられた。制作過程において、勢いよく砂がかき分けられ、渦や唐草模様が描かれたり流れをつくるかのように消されたりした。箱庭の中だけでなくその上の空間も取り込まれて、立体的三次元的に構成されているような印象を受けた。

砂には、水の動きでついたと思われる模様が繊細につくられ、貝や魚、ヘビなどのアイテムが二つずつ寄り添うように置いていかれた。あとで置き足すことで、クジラやワニは「2」から「3」に変わっていった。しばらく眺めてから、でき上がったことが伝えられた。海は精神内界・無意識を表すといわれるが、美しく魅惑的であり畏さも感じられる世界が広がっている。まさしく箱庭④は、前川氏の内界を表しているのだろうと思われる。

物語については、作品で十分語られているのでサブテーマ程度にしたかった、と前川氏は語っている。それほどに箱庭の体験がヌミノース的であったのではないだろうか。

海底の世界は「不思議なほどきれい」で、「生活を謳歌」するとともに、「人が近づいてはいけないところ」で、「そっとしておくほうが良さそう」であると書いており、海（無意識）のもつ危険性にも感づいている。さらに、「息が続かなくなってきた」「仕方がない、あがろう」という件は、「守り人シリーズ」〔例えば『精霊の守り人』で呪術師がナユグとよばれる異界を垣間見るシーン〕を彷彿とさせる。無意識の海に潜り、根源的なものに触れ、意識の世界に戻ってくるところまでが物語となっていることは重要であり、興味深い。

第⑤回　動的なファンタジーの世界がつくられた。中央に置かれた血の池を闘技場に見立てて男たちが闘い、火は燃え盛り、支配的な女性が一段高いところに位置している。「内なる女性」がエネルギーを得て暗躍しそうな気配が漂っている。

物語は探検の一シーンが展開されている。深い森は、やはり無意識を表しており、そこを探検するというストーリーになっている。とはいえ、暗い森に響き渡る声や決闘として表れている大きなエネルギーに近づくのは恐ろしいことでもあり、隊員たちは体を震わせながら見つからないように息を潜めている状態である。怖くもあり、隊長が女性を気にしているように惹かれる世界でもある。そこに近づいているものの、入っていくためにはもう少し何かを必要としているということなのかもしれない。また、今の段階で危険を冒さずにいることができるのも前川氏の力であろう。

第⑥回　太古の世界に現代がつながろうとしている。エネルギーに満ちた太古の世界に自動車で近づいていくが、道が途中で切れており、まだ入ることはできないようである。しかし、意識の世界と無意識の世界は切り離されたものではなくなり、接触ができるようになったのではないだろうか。溶岩が流れている火山の上に薪がのせられ、あたかも火を噴いているようであるが、爆発的なエネルギーとともに神聖な印象もあった。

前川氏が面談で述べているように、タイムマシンでジュラ紀に行くという、前川氏が楽しみにしている映画を多少もじってつくられたものであった。しかし、その結果できた作品は、第④回・第⑤回に比べるとそれほど好きという感じではないとも述べている。第④回は物語をつくらなくてもよいほどに、第⑤回は内から出てくる物語に引っ張られるようにして、それぞれ箱庭がつくられていったことを思うと、第⑥回は「最終回なのでまとまりを付けたい」と思う意識が関与しすぎてしまったのかもしれない。それによって、つくり手にとって面白味がそがれてしまうということになったのではないだろうか。このことは、前川氏が内界からのメッセージに関心を向け、それを大切に思えるようになった故とも考えられる。

物語では、タイムマシンに乗って恐竜の時代に行こうとしている。光景や音だけでなく、匂いも感じているが、今の段階では「これが限界らしい」。無意識からのエネルギーを感じ、一部は受け取りつつ、適度な距離を保っていると考えてよいのではないだろうか。また、エネルギーに満ちた領域に入る手前で留まっていることが、第⑤回に続いて繰り返されている。第⑥回では「入りたいが入れない」という状況が描かれており、これ以上は無理に入らないという守りの意味とも、今回が最終回ということでの回数による限界とも考えられる。

これらの箱庭と物語については、他にもさまざまな考察が可能でしょう。多様な考察を可能にするところもまた、本技法の魅力だと思われます。

おわりに

前川氏は《箱庭ものがたり》の体験を通して、現実の世界では「ものづくりが好きな自分を思い出し」、制作や鑑賞をするようになりました。内的世界では、内なる女性との思いが通じないやり取り、破滅的な世界の体験を経て、無意識の世界を見、適当な距離を保ちながらそっと自分の内界に近づいて冒険を始める、という自己探求の過程をたどったと考えられます。

　前川氏にとってのものづくりは、内的世界との接点であり、滞っていた疎通がうまく通いだしたように感じられるのですが、いかがでしょうか。前川氏の年代は、仕事上の責任が増す時期であり、その世界に傾注するあまりこころを追いやってしまうことが往々にしてあり得ます。前川氏にとって〈箱庭‐物語法〉は、内界との接触を取り戻すひとつの体験となったのではないでしょうか。

　このように本章では、《箱庭ものがたり》において無意識の水準で変容が起こること、物語を書くことで自我を守りながら展開することができる可能性が示唆されました。なお、回数を六回に設定することは一定の制限になるものの、内界を探索する第一段階としての機会となり得ると考えられます。

中垣ますみ
菅　佐和子

第三章　道はつづく

ここで紹介する茜さんは、自己探求に向かっている成人女性です。

●気づいていない何か

ものがたり①

兄と妹のきょうだいがいた。両親が忙しいので、きょうだいはよく二人で自転車に乗って遊びに出かけた。

ある日、二人は川の向こうにゲンジ（クワガタ）をとりに行くことにした。早朝に二人は家を出発する。川へ行くには、まずトンネルを抜けて、

木々が生い茂った森を通らなければならない。辺りはまだ薄暗く、暗いトンネルと森を抜ける時は怖さを味わいながらも、どこかワクワクしている。妹は置いて行かれまいと、兄の自転車の後を必死で付いて行く。

静まり返った森を抜け、自転車で川にかかる橋に着いた頃には、空が少し明るくなっていた。二人は橋のたもとに自転車を乗り捨て、川にかかる吊り橋を渡る。兄はどんどん進むが、妹は高いところが嫌いで、吊り橋の揺れが怖くて怖くてたまらない。

『おにいちゃ〜ん、待って！　めっちゃ怖いねん』『大丈夫や！　おいで！』先を急ぎながらも、兄は妹を待ち、二人がなんとか吊り橋を渡り終えた頃には日が昇っていた。

『はよ、行こ！　いっぱいゲンジがいるん、あのトンネルの向こうの木やで！』『うん、行こ行こ！』

朝の清々しい空気が漂い、川の水面は太陽の光に反射してキラキラ光っているなか、二人はトンネルの向こうを目指す。

ものがたり②

毎年、夏におばあちゃんの家に帰省する。おばあちゃんは、海がある町に住んでいる。お盆には親戚一同が集まり、海で泳いだり、魚釣りをしたり、夏祭りで盆踊りしたり……おばあちゃんちでしかできない夏の体験をする。

いちばんの楽しみは、いとこたちと海に行くこと。

おばあちゃんが住んでいる町は小さく、いわゆる海水浴場はない。いとこたちとよく行く海は、地元の人だけが知っている場所なので、行った時はいつも、わたしたち家族だけで独占している。わたしたちは、水着姿に浮き輪をつけてすぐにでも泳げる格好で、軽トラの荷台に乗り込み、山を越えて海へ行く。

軽トラの荷台では、真夏の陽射を直接受ける。まぶしい光に目を細め、ガタンガタンと車が揺れると、わたしたちは声を上げて楽しむ。ミーンミーン……蝉の鳴き声も聞きながら、夏の風を感じ、わたしたちは海へ近づいていく。潮の香りが近づいてきた。

海に着くと荷台から飛び降り、ビーチサンダルを脱ぎ捨てて、海まで走っていく。

ジャブジャブジャブ……海の水はひんやり。『ひゃ～冷たい！』『気持いい～！』去年は足がつかないところでは泳げなかったけど、今年は少し砂浜から遠いところまで行ってみる。去年より高いところから飛び込んでみる。

お腹がすくと、おばあちゃんがつくってくれたおにぎりと玉子焼きを食べて、また海へ。泳ぎ疲れると、浮き輪に身をあずけて海に浮かぶ。チャプーン、チャプーン……揺れる水の音を聞きながら、空や遠くにある船を眺めていると、ゴロゴロと山の向こうの空から音が聞こえる。山の向こうの雲は灰色で、空が少し暗くなってくる。

夕立が降るかも……でもどうせ体はぬれている……気にせずに泳ぎ続けよう。

背中は日焼けし、水着の跡がついている。日焼けは夏の勲章のようで、日焼けとともにわたしのこころに夏の思い出が刻まれる。

ものがたり③

『ついに完成した！』物理学者は投資家の男に、そう言った。

『本当か?! よくやったな！ 早速、どこかの時代に行ってみようじゃないか』

研究を続けてきた物理学者は、長年の夢であった蒸気機関車型のタイムマシーンを完成させたのだった。これまで莫大な資金を提供してきた投資家は胸を躍らせる。これで、過去にも未来にも行くことができる。

さて、どの時代に行こうか……。

いざ出発、ガタン！

熟練の機関車操縦士はこころを落ち着けて機関車を発進させる。二人の長年の夢、いや人類の夢が動き出す。機関車は猛スピードで空へ飛び上がり、夜空に消え、時空をこえて走って行く。

『僕たちは一体、どんな世界に到着するのだろうか？』車窓に映る星空を見ながら、完成までの道のりとこれから見る未知の世界に思いを馳せる。

トンネルを抜け、ガタンという音とともに機関車は停まる。

機関車の扉を開けると、まぶしい光が差し込み、乾いた空気が車内に入り込む。物理学者と投資家は、目的地である白亜紀に降り立ったのだ。二人は広がる荒野を見つめたまま呆然と立ち尽くす。樹は倒れ、草は枯れ果て、見渡すかぎり砂漠が広がっている。しかし、恐竜は生きている。身をひそめるもの、のんびり過ごしているもの、空に向かって吠えているもの……。

『やったぞ！　俺たちは成功したんだ!!』投資家が物理学者に言った。物理学者の目から涙が溢れる。涙がこぼれ落ちないように上を見上げると、そこには、今の時代と変わらぬ青い空と白い雲があった。

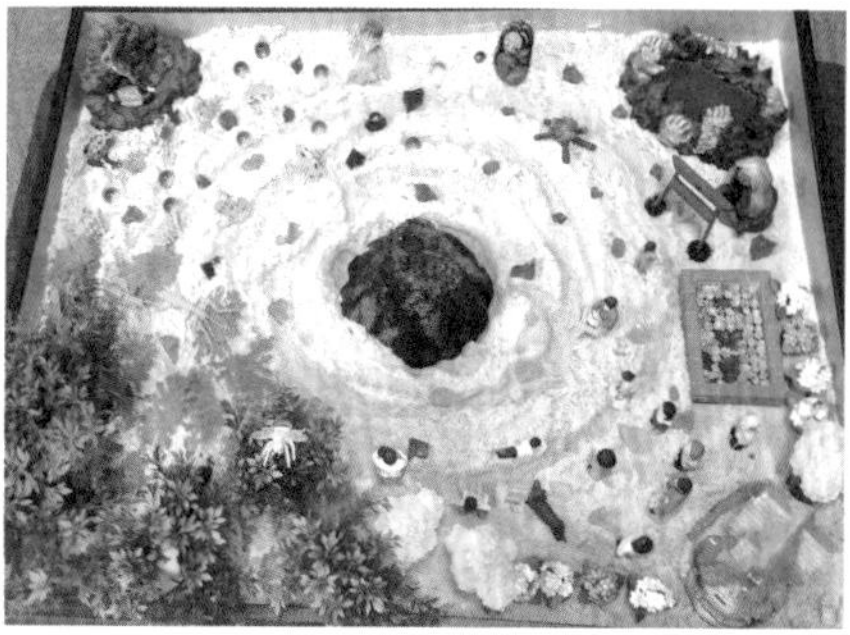

ものがたり④

こころから感情があふれる。

愛情、憎しみ、苦しい、優しさ、驚き、醜い、感動、悲しい、寂しい、喜び、せつない、怒り、楽しい、おもしろい、嬉しい……。

じわーっと湧き水のように滲み出ることもあれば、泉のように湧き出てくることもある。時には、火山のように爆発し、ドロドロと次から次へと溢れ出すときもある。

そんな、こころの感情の行き場……。

家族、友人、そしてふとすれ違うだけの人など、いろんな人に会い、受け止められたり……。一緒に味わってもらったりすることもあれば、山、空、川、大地など大自然がこころを癒してくれることもある。

わたし自身が感情を抱えたまま、次の目的に向かって一歩を踏み出すときもある。

時には目には見えないものにも守られながら……わたしは生きている。

ものがたり⑤

青空のもと、野外ライブが始まる。

『ワーー!!』『ウォーーー!!』『キャーーー!!』

観客の熱気は一気に盛り上がり、会場は一つになる。

子どもも、大人も、年齢や性別、職業、肌の色……違いとされるものも音楽の前では何も関係ない。みんなが音に身をゆだね、歌詞のことばにそれぞれが思いを馳せる。


盛り上がる曲、こころに染み入る曲。

一人で音楽を聴いている時とは違う、ライブ会場だからこそ感じることの感覚が、わたしは大好き。ライブの雰囲気に酔いしれ、その感覚はわたしのこころに刻まれる。

至福をめいいっぱい味わい、空を見上げると、夜空にはもう星が光輝いていた。

ものがたり⑥

道は続く
泣いても、笑っても
楽しくても、怖くても
道は続く

「もう無理」とあきらめても
道は続く

そんな時には山に登る
自然を味わい
ただすれ違うだけの人の一言に心が温まり
一緒に登る仲間と励まし合いながら
山の頂を目指す

一歩一歩足を前に進め

ふと後ろを振り返ると
自分がこんなにも歩いてきたのかと感じる
そしてまた足を前に進める

頂上に着く
想像していたよりもはるかにきれいで感動的な眺めがある
透き通った空、雲海、満天の星空、そして頂上を楽しむ人々の顔
わたしの心は包みこまれる

今まで目標にしてきた頂上
しかしそこが終わりではない
わたしはまた前へ足を進める
また道は続く

●茜さんの感じていたこと

箱庭ものがたりを始めるにあたっては、「自分の気づいていない何かがあるのかな?」ということに興味がありました。それに、「自分が感じてない感覚があるのかもしれない」と、漠然と思っていました。

はじめて箱庭にとりくんで　ぱっと触ったときに、海をつくろうと思いましたが、川が出てきました。川をつくると、むかし遊んでいたときのことを思い出して、子どもの時の設定になっていきました。

薄暗い朝の虫採りは、冒険でした！　冒険、探検……始まりはいつも兄と一緒でした。

キーは、乗り捨てた自転車！　自転車は子どもの頃の自分が最大限動けるツール。

第①回の箱庭には「大事な思い出」が表現されました。「何でもあまり怖がらずにやる自分がいて、そのもとになっている体験がこれだったのか」と思いました。「兄の存在があったから、怖がらずに行けた」とも思いました。

はじめて物語にとりくんで　「兄が引っ張ってくれるので探検に踏み出せた」「自分が動けばそういう体験が得られることもある」という体験ができたのです。

自分のことを思い出して書きました。こういうことが自分のベースにあったのですね。物語の最後の「トンネルの向こうを目指す」というのは、小さいときの体験があったからかもしれません。

第②回　川より海が好きだったので、今回は海をつくろうというイメージでつくっていました。

幼少期の母の田舎での体験がもとにあって、海は怖い感じがないのです。自然の怖さや新しいことへの怖さがなく入れたのは、幼少期の海での体験からかもしれません。

今回の箱庭は、楽しい思い出のなかに「雷が鳴っている」情景。自然には急な変化があること、そういう変化を察知すること、危険を回避することも、こういう体験のなかで得たのかもしれません。

「いとこたちとのすごく大切なつながりもある」「いとこと共有している価値観のベースに、この海はある」と思います。同じ風景や気持を共有しているように思えるのです。

第①回の箱庭の情景は「自分自身の第一のふるさと」、第②回は「第二のふるさと」だと思えます。

小学校中学年の頃、一人で新幹線に乗って母の実家に行き、ひと月ほど過ごしたことがあるのです。車中では泣きどおしで、隣に座っていた大学生がずっと慰めてくれていました。漫画を読んで涙をこらえていたとか、そのときのことはよく覚えています。

兄は部活、父と母は仕事で忙しくて、自分一人で行って過ごしました。泣きどおしだったけれど、そういうことができたのも、「第二のふるさと」と思えていたからだろうし、「何でもやってみよう」と思えたからだとも思います。

自分が住んでいる町と文化も違うんですよね……お祭りも、海沿いだったからか、一つにまとまる感覚を感じたたし、ちょっと違う世界でした、この夏の期間は……。毎日海に行っていて、水着の跡が、普段とは違うところに行ったという自慢の証でした。

母が迎えに来たとき、熱が出たと思います。一足先に来ていた叔母に抱きついて甘えていたこともあるし、楽しいこともあったけれど、母が来たら熱を出してしまうほどの体験を、一人でいるあいだにしていたのだろうと思うのです。

そのあと、「茜は少し変わったね」と母が言っていました。悪い意味ではなく、体験をして成長したという感じで。いとことけんかをしたり、何か言い返したくても言わないで自分のなかにおさえていたり、泣かないようにしていたし……。楽しいこともあったけれど、いろいろな体験をそのときにしたと思います。

第③回　第①回は「どうしよう」、第②回は「こんなのつくってみよう」、そして第③回は「そのときに任せよう」と思って、箱庭をつくりました。ふと「赤い恐竜と目が合った」ように感じ、置くことにしました。「ファンタジーの世界は苦手で怖い」と思っているので、この箱庭ができたとき、不思議でした。

箱庭をつくりながら物語もつくっていたように思います。タイムマシンが完成してここに来た、という設定が途中で出て来ました。何万年も前と今をつなげようと思ったからかもしれません。わくわくしながら箱庭をつくっていました。

タイムマシンから降り立った時代が、恐竜の最盛期でなく絶滅期に近かったのは、どうしてなのでしょう? 恐竜を使ってつくったのは、今でも不思議です。

ファンタジーが苦手で怖いと思っていました。銀河鉄道で列車が空を飛ぶなんて有り得ないと思うし、メーテルも怖い感じがするから、有名なアニメ作品も、シュッと入ってこなかったのです。

そう思うと、この箱庭は自分にとっても「冒険の箱庭」です。箱庭に置いた二人の視線を、この人たちにはどんな風に見えているかを、気にして箱庭を置いたような気がします。自分がこの人たちのなかに入っていたのかもしれません。人形の目を通して、わくわくしたものをつくりたかった」ようにも思います。

第②回の箱庭のキーは「雷」で、第③回のキーは「機関車と機関士」、「つないでくれるもの」です。

物語の「完成までの道のりと、これから見る未知の世界に思いを馳せる」というところが、第③回のポイントでしょうか……。

自分たちが、時間と力とお金もつぎ込んで、これまでの道のりがあるから、わくわく感も湧いてくる……。青い空には、「時代が変わっても変わらないものがある」「何万年も前ともつながっている」というイメージがあらわれています。それも含めて「感無量」というところもポイントですね。

「絶滅前」というイメージは、砂漠に恐竜がいるからでしょうか……砂漠化していますね。それから、「恐竜は怖いけれど、期待感がまさっている。興味がある」という感じもあります。

第④回　このときは、「自分のこころの情景をあらわしたい」と思いました。真ん中を「涌き出る泉」にしたかったけれど、そういうアイテムがなくて、火山にしたのですが、今となれば、火山がぴったりでした。涌き出すと言っても、感情がドロドロと湧くのだから、サラサラとした水よりむしろ火山の方がぴったりなのかもしれません。

「次はこういうのをつくりたい」というようにも思うのですが、思いもよらないものができてきます。第③回も、未知の、得意でないものがつくれました。「わたしにもできた！」という感じ。第①回・第②回は、自分の大切なきれいな思い出でした。

でも、そんなきれい事ばかりでないし、ドロドロしたものを表したいと思いました。それなら「喜怒哀楽」をつくろうかなって……色分けしたりして。でも、はっきりした区別もちょっと違う感じがありました。「いろんな感情をもっていても、その感情を受け止めてくれるものがある」ことにも気がついたし、「抑えきれない感情も避けなくてもよい」と思えました。

「お化けや血の池で表されるような感情」

「火山から湧き出てくるドロドロした感情」

「水にも陸にもどちらにも居られるカメ、つなぐもの。カッパもそう。日常と血の池。ここには鳥居もあって、植えた木から自生する木もある。ずっとつながっている」

ボランティアという単語って、火山のボルケーノから来ているそうですけど、湧いてくる感情にぴったりです。よい感情もわるい感情も、堰き止めることはできないのですね。

ただ、ドロドロしたものを出したかったけれど、いろいろなもので調和できて、ホッとしました。ドロドロしたものも、人や自然やいろいろなものが癒してくれている……「ドロドロしたものを出してもいいんだ」ということを感じられて、よかったです。

第④回からですね、それまではストーリーだったけど、ポエムになってきました。何ででしょう？　物語だと「途中をつなげていく」ことを書いていくことになるけれど、第④回はもっと短く、直接的に書きたいようになってきたのです。ストーリーというより、ポエムの感じ。それはなんでだろう?

第④回の箱庭はストーリーでなく感情そのものをつくりました。感情は、ストーリーではあらわせませんよね。ストーリーのなかに感情があるものでしょうが、第④回は「がっつり感情」で、そのまま言葉と言葉で、より感情に近く表現したのだろうと思います……いま思うと……。

第⑤回　あぁ……つらい別れがあったときの箱庭……〔涙〕。
最近「涙が出ないなぁ」と思っていたんですけど……涙が出ました。泣けたことで少しホッとした感じがします。

この回は「つくれるかな? どうしようかな?」と思っていました。終わったとき『大作です』って言ったと思うのですけど……。ほんとうに「つくれてよかったなぁ」って感じました。自分が感じた大切なことを、箱庭の作品として残せたのがよかった。

「さみしい」「つらい」という感情をあらわすというより、こころの状態でなく「大切な思い出」を、「情景」を残して、そこにこころも入れて、つくれました。いろんな思い出を、大事な情景にして残せました。写真でなく、自分が振り返って、つくったのです。「自分自身がつくる」ということを体験できました。そのときの感情と、その人との思い出を詰められました。

この週は、自分のなかで激動でした。告別式のあと普段に戻る自分に、「あれは嘘だったのかな」とか思うこともあったのですが、大事な感情をここに詰められました。


この物語は、亡くなった人を追悼する内容ではありませんが、つらい思いではなく、一緒に行ったこともあるライブの感じに、思いを詰めています。「この人は……ライブでいったいどんな感じを受けてたんだろう?」って……。感情を残しておくこと、自分が主体的につくったところが、大切なのだと思います。

「恐竜」の回のように、第⑤回も、「それぞれがどんな風に見えるか」と、目線を気にしてつくりました。

食事や飲み会のときでなくライブのシーンを選んだのは、その人が好きだった歌を思い出して、そのことをみんなに知ってもらったら、歌を聴いたときにその人のことを思い出してもらえるかもしれない、と思ったから。そういうこともあって、仲間で一緒に行ったライブのシーンをつくったのかもしれません。

第⑥回　最後……山をつくろうと思っていたかなぁ。「終わりなき旅」がテーマ。

山登りは、しんどくてやめたいと思うこともありましたが、そのとき、すぐ後ろを歩いてきていた老夫婦が『これだけ歩いてきたんやから、もう少しがんばり』と、声をかけてくれたのです。一歩は短いけれど、振り返ってみると、「これだけ来たんや」と思える……。

励ましてくれる人、星空、風景、いろんなものがすばらしい……。「デジタルではない世界」「自分の足で歩く、変わらない自然。時代が変わっても変わらず生き続けている自然のすごさ」「価値の変わらないもの、たとえば人の一歩や、励ましの言葉」そんなものが感じられます。

頂上に着いても、そこがゴールではない……。下山もあるし、そのあとに日常も続くのですよね。山に登ることで、これから続けるうえでのエネルギーをもらえる。「お地蔵さん」は、そこにお参りすることで足を止めて休ませてくれます。先人が残してくれた「道しるべ」もあります。

はじめに稜線をつくりましたが、これも挑戦だろうと思うのです。その挑戦のあと、何が待っているか？　今まで以上に、人とつながった感じがします。


「まだ続く」っていう感じですね……、人生も、いろんなことも……。「もう最後」ということでまとめたかったのか？　次につながる何かをつくりたかったのか？　「こころのエネルギーを得るもの」をつくりたかったのだと思います。物語もそう……「道は続いていく」ということを言いたかったような気がします。

物語を書いているとき、「今が大事だけど……、しんどいときはそこに焦点を当てるけど……、ふと振り返ると『ここまで来たんや』と思えるだろう。これからのピンチも、『ここまでやって来たんや』と思って、前に進めるのだろう」と思いました。

満天の星空は本当にすごい。そのためのそこまでの道のり……、それを楽しむ人……。

全体を振り返って　第①回は自分の原点、第⑥回はこれからの自分、となっているのが不思議。全六回のあいだに、いろんなことを感じました。不思議な感じです。新しい世界が広がっていく……。

アイテムの有無もあって、思っていたとおりにはつくれないけれど、そこにあるアイテムで新しい世界がつくられていくのは、自信にもなります。つくることで、充実感や満足感もありました。

それから、一人ではつくれませんでした。途中でやめなかったのは、一緒にいてくれたから。「なにか伝えたい」という思いもあったように思います。

第①回から第⑥回を振り返るなかで、「探検、冒険」が自分のテーマかなと思いました。第④回は、自分のこころへの冒険で、「怖いもの見たさ」というのもありました。第⑤回は「ドキドキ」、第⑥回は「山」への挑戦。探検や冒険は「しんどいこと」「揺さぶられること」でもありますが、やっぱり、それが嫌ではないのだろうと思いました。

原点は兄弟・家族、そしていいとこなんだと、思いを共有できました。そういえば、「共有」もテーマだったと思います。いつも、一人ではなかった……これからも誰かと共有していくのだろうと思います。

●見守り手の眼差

インタビューでも語られているように、六つの箱庭と物語を通して茜さんは、自分の内的世界への「探検」を試みることができたのではないでしょうか。

・「怖さ」を抱えながらも、同行者とともに、トンネルをくぐって内的世界への旅を始めようとする第①回。
・雷鳴も聞こえているが、祖母のおにぎりや玉子焼きでエネルギーを補給しながら、無意識の世界に少しずつ入ろうとする第②回。
・第①回で表現された冒険心や豊かさと第②回目で表そうとした小さい頃の大切な思い出をもって、それ以降の自己探求の旅が深められていったとも感じられる。白亜紀であるという第③回は、恐竜のエネルギーと風景の荒涼感が際立っており、「箱庭と物語が同時に生成されていた」と語られている。
・第④回は、感情の世界が表現され、探求の旅の深まりが感じられた。噴水のアイテムが目にとまらず、中央にとりあえず置いた火山が、結果としてドロドロとした溶岩のような思いの表現となり、それをも自分の大切なものとして認めることができたことも印象深い。
・第⑤回は、砂が大きく動かされたり押さえられたりということを経て、コンサートのライブ会場が制作された。奇しくもというタイミングではあるが、その後の語りや物語から、一種の喪の仕事でもあったのだろうと思われる。
・第⑥回は、稜線が際立つ山の風景であり、「道は続く」という物語である。旅からの帰還と、改めての出発が強く感じられた。

茜さんの箱庭制作を見守りながら、見守り手も多くのことを連想しながら、ともに旅をしていたという思いを深くしていました。例えば初回では、つくられていく景色の下に豊かな水脈を感じたり、『崖の上のポニョ』に出てくるグランマンマーレの言葉を思い出したり、森のなかの空気に濃さを感じたりしました。

また、回数を追うごとに物語が徐々に「ポエム」のようになっていきますが、『テンペスト』で聞得大君が謡うミセゼルを連想することもありました。箱庭での表現も、言葉での表現も、茜さんにとっては、内的世界から汲み上げてきた同一の表現のように感じられ、「箱庭と物語とが同時に生成された」という体験とつながっているのではないかと思われました。

また、制作の過程やでき上がった箱庭について、昼も夜も、時には時代も超えた「時間」や、天も地も、さらには黄泉までの「空間」がひとつの箱庭のなかに表現されていると感じることが多かったです。そして、その時空は、海や川や水蒸気、雲というさまざまな形ではあるが、「水」でつながっている印象をもつ一連の箱庭作品でした。

「名残惜し」さを感じながらも、無事に、豊かに、ひとつの探検の旅を終えることができました。本章においても、箱庭ものがたり（箱庭-物語法）は、全六回という制限が一定の守りとなりながら、自己探求の機会として有効であったといえるでしょう。

中垣ますみ
永尾　彰子
奥澤　嘉久

わたしとのダイアローグ

第四章　穏やかに、静かに

箱庭づくりや物語づくりを始めてみると、内界の表現が抑圧または抑制されて「加工」される場合があることも感じられます。見守り手という他者の前で、内界の表現に抑圧や抑制、ないしは加工が生じるのはきわめて当然のことでしょう。

ところが、見守り手にとってそれが「気にならない」こともあれば、どことなく「気にかかる」こともあります。「気にかかる」ということ自体、見守り手が何らかのメッセージを受け取っている、ということでもあると推察されます。

本章では、きれいな世界がどこまでも穏やかに、静かに展開したため、かえって見守り手にとって、そのことが「気にかかる」ケースをとりあげたいと思います。

理香子さんは三十代の女性（専門職）で、箱庭療法についてある程度の知識をもっているものの、作成経験はなし。ものがたり期間は七月～十月の三ヵ月、その後、一時間の面談を実施。

●内なるつながり

ものがたり① それぞれの夏休み

ある南の島にやって来た。島の名前なんて知らない。

そう、今日から僕たちは、ご主人様と一緒に夏休みをここで過ごすのだ。ご主人様は海に来たけど、眠たいのか、お昼寝してる。陽射は強いけど、風が通って気持いいから、お昼寝したくなるのもわかる気がする。けれど、正直、猫の僕たちは「なんで海なの？」って思ってた。だって、水は苦手だし、海には入れないから。だから僕たちは、ご主人様と一緒に岩陰でそっとのんびりしているのが一番。

それにしても、みんな楽しそうに過ごしてる。今にも海に入りたそうな犬クンたち。浜辺で楽器を弾いたり歌ったりしている人たちもいる。

カフェでは、赤ちゃんを連れた家族が海を眺めてコーヒータイム。いろいろだけど、みんなここに来たらゆっくりできるみたい。
その目の前の海には、なにやら、きれいな魚がいる。ひとでクンや貝クンたちもいる。お日様の力で海はピカピカ光ってて、その波に乗って遊んでる人たちも。夏の海に来たら、みんなニコニコ、のんびりしてる。僕たちは海には入りたくないけど、何かきっと楽しい世界があるんだろうなぁ。僕たちも、みんながのんびり過ごしている場所は安心。

【理香子さんの感想】

なかなか手にしたいアイテムが見つからず、始めるまでに時間がかかりました。猫のいる場面の右端からつくっていきましたが、知らぬ間に正面が海側からになっていました。置いたものどうしのそぐわなさ（猫が海の近くにいるなど）を感じつつも、両方置くことを選んだ感じです。

ものがたり② 休日の動物園

今日は、久しぶりの休園日。いつもはたくさんのお客さんで賑わうこの動物園だけど、今日はとっても静か。動物たちも心なしか、ほっと一息ついている。

この動物園も開園からずいぶん年月が経った。開園当時は珍しい動物たちもいて、若いカップルから家族連れのお客さんなどたくさんの来場者にあふれていたけれど、今はずいぶん落ち着いた動物園になったもんだ。それでも夏休みの動物園はやはり人気があり、こんな質素になった動物園でもたくさんのお客さんが来てくれる。ありがたいことだ。

もう俺たち夫婦には、昔いたような肉食動物を新たに世話することはできないけれど、今いる穏やかな動物たちと毎日過ごせることがとても幸せだ。動物たちと直接ふれあえ、すこし大きい動物も間近で見られる動物園、というのがコンセプト。世話をするのは肉体労働でとてもしんどいことだけど、動物たちの顔を見ているとやっぱり癒される。逆に元気がもらえるような気がするんだ。

それにしても今日は、ゾウの兄弟の機嫌がいい。いつもはお客さんを見ても知らんぷりしているけれど、今日は二頭でじゃれて遊んでる。こいつらは、静かな動物園が好きなんだろうか？　いちばん古くからいるこのゾウの兄弟たちだから、俺の前では、子どもみたいにはしゃいでる。なんともかわいい奴らだ。カバたちも今日は、水浴びの時間がいつもより長い。でも、パンダの親子はあんまり普段と変わらない。最近いちばん人気者のパンダだが、パンダ自身はお客さんがいようがいまいが関係ない。そのマイペースさが人気の秘密なんだろうか？　羊の親子はのんびり座りこみ、コアラは木に登ってお昼寝をしようと企んでいる。シマウマたちは群れになってダンスをしているよう。キリンたちは長い首をのばして、何かを探しているみたい。サルたちはやんちゃ盛り。木に登ったり降りたり、鬼ごっこをしているようだ。じっとしていられないのも仕方ない。みんな元気に成長してくれよ。

俺はこうして作業をしながら動物たちのことを考えることが好きだ。何も言わなくても、ここの動物たちはちゃんとわかっているんだろうな。それぞれの縄張りを荒らさず、それぞれ仲間と過ごす空間をお互いに大事にしていれば、平和であることを。そして、明日はまた、たくさんの

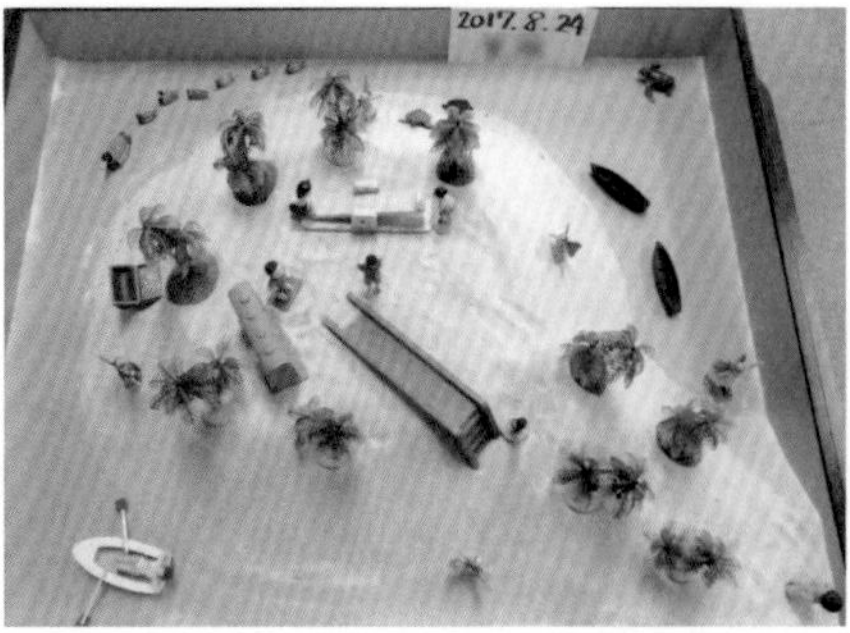

お客さんたちが自分たちを見に来てくれることも。
サ、そろそろ作業を終えて、俺も動物たちの昼の食事の支度をしなくちゃな。そしてまた明日からのお客さんを迎える準備をするか。

ものがたり③　遊びの楽園

ここはわたしたちの島、遊びの楽園。大きな湖に浮かぶ小さな島。島といっても、昔からここに立ち入れるのは、子どもだけだと言われている特別な場所。椰子の木が立ち並ぶ道を通ると街とつながっているのだが、その「椰子の木ロード」から先、島には子どもしか入ることはできない。不思議だが、大人たちもこの「椰子の木ロード」の向こうには立ち入ろうとせず、子どもたちを安心して遊びに行かせる。

なぜかって？　きっと大人たちもみんな、子どもの頃に遊びに来たことがある場所だったから。大きくなるにつれて、いつのまにか「入ってはいけないところ」になるんだって。それは、わたしたちが見守っているってことを知っているからかもしれない。

今日も誰かが遊びに来た。ペットを肩に乗せた男の子がのんびりやって来た。

『おーい！　おっそいぞ！　早く来いよ！』ブランコで遊ぼうと約束をしていたもう一人の男の子が待ちくたびれて少し怒っている。でも、のんびり屋の男の子は、待たせていることなんてそんなに気にしていない様子。仲直りできるだろうか。いや、けんかにもならないか……。

滑り台では、小学生のお兄ちゃんと幼稚園児の弟クンが遊んでいる。どうやら弟クンは一人で滑るのが怖いみたい。ドキドキしながら滑り台を登ろうとしている。『大丈夫。怖くないから、滑っておいで』お兄ちゃんは優しく弟くんの初のひとり滑りを見守っている。

シーソーでは二人の女の子が遊んでいる。いつもこの二人はシーソーでギッコンバッタンしながらお話ししている。大の仲良しのようだ。

今日はいつもより、この「遊びの楽園」に来る子どもは少なく、水辺で遊ぶ子もいない。

そのためか、亀たちも島に上がってきて、甲羅干し。鴨の親子たちもたくさん連なってゆっくり泳いでいる。こうして湖に住んでいる動物たちもみんな、ここで遊ぶ子どもたちを見守ってくれている。時には、子どもたちのなかにはけんかをする子もいる。特に宝箱の宝で宝探しをして遊ぶ子たちがいたら、たいてい取り合いになってけんかが起こる。でも、遊んでいるうちにだんだんと仲直りしていく。けんかが起こるといつも仲裁に入ってくれる六年生の女の子は、今日は一人でのんびりボートでお昼寝。そろそろ起こしてあげないといけない時間かな。


わたしたち五人の妖精は、ここで遊ぶみんなのことを見守っているのが大切なお仕事。

でもときどき、お友達としてみんなと遊ぶこともあるの。みんなには内緒で。今日も遊びの楽園は絶好の天気の一日だった。

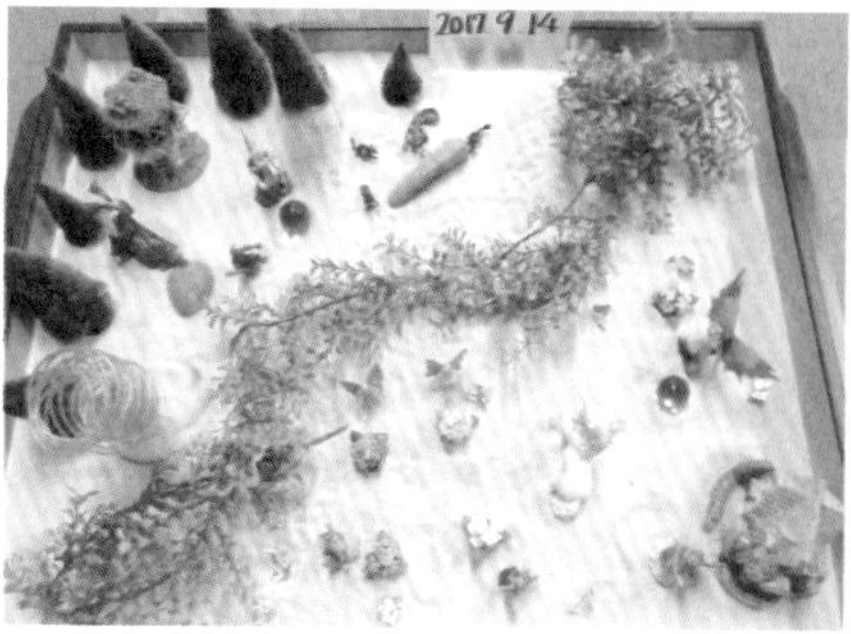

ものがたり④　ふたつの世界

ここは、暗い闇夜の世界。

この世界を牛耳っているのは、白いひげを生やした魔法使いの王様。きれいなお妃さまと二人でこの世界を支配しようとしている。森の奥深く、人気もないところで、不気味なお屋敷に二人は暮らしている。

王様とお妃さまに子どもはいない。二人はいつだって、この世界に竜巻を起こしたり、嵐を起こしたり、それはそれは暗い世界にすることばかりを願って、魔法をかけている。そのせいか、この森には、大きな木こそあるけれど、植物も咲かず、動物たちもまったくいない。ただ、いるのは、お妃さまの使いとして小さな竜たちと、二人を守る金棒を持った怪物だけ。

こちらの世界にいる王様とお妃さまは、ここしか知らないため、自分たちがつくる闇夜の世界がすべてだと信じている。太陽なんて必要ない、自分たちの魔法によってこの世の闇夜を保てていると、誇りにさえ思っているのだ。

でも、広い茂みの向こうには、どうやら、もうひとつの世界があるようだ。

たくさんのお花が咲き、キラキラと太陽の光が差し込む世界。こちら側には、かわいらしいピンクの屋根のおうちに住む少女がいる。背中に羽のある少女は、同じように背中に羽を持つ妖精たちと一緒に暮らしている。少女はユニコーンと一緒にどこかの世界からやって来たようだが、どこから来たのか、その記憶はもうない。妖精たちとたくさんのお花を育て、明るくのびのびと、楽しく毎日を過ごしている。ユニコーンは少女を守るように、いつもそばにいてくれる。万一、この世界を脅かす者が来たときには、誰よりも前に出て戦う覚悟をもっている頼もしい存在。だから、少女と妖精たちもここでの穏やかな暮らしはいつまでも続くと信じていて、だれもその暮らしを脅かすことはないと思っている。

そう。どちらもその世界が当たり前だと思っているので、その向こうに何があるかなんて知りもしない。闇夜の世界、太陽の光が降り注ぐ世界、お互いの世界を知らないのはなんだかかわいそうだし、なんだかさみしい感じもする。

でも、二つの世界には唯一、同じものがあった。お妃さまの大事にしている透明の石、少女の宝物である透明の石。同じ透明の石を持っていることなんてお互い知らない。少女はどこからやって来たのだろうか。王様とお妃さまに子どもがいないというのは本当だろうか。今後、それぞれが同じ石を大切にしていることを知るときは来るのだろうか。もし、それを知るときが来たら、王様は魔法をかけ続けることをやめるかもしれない。

ものがたり⑤　秋の夕方の公園

　ここは、とある町の公園。大きな噴水の池と小さなお社があるのが特徴だ。

　夏には、少しでも涼しさを求めて噴水の池にみんな集まり、小さい子たちは池に入って遊ぶ姿もよく見られたが、今は池の周りはひっそりとしている。少しずつ、公園に立つ木々も色づき始め、お社の隣の柿の木も大きな実をつけている。もうすっかり秋。時刻は夕方四時。ランニングをしている人がいる。お散歩の途中だろうか、ブランコに座って休憩している赤ちゃん連れのお母さんも。

　小学生たちにとっては放課後の大好きな遊び場でもある、この公園。今日も、みっちゃんが滑り台を独占している。『早くどいてよ！　そこはみんなの場所だぞ！』　たっちゃんが階段下でみっちゃんに声をかける。『だって、ここで寝っ転がるのが好きなんだもーん』　みっちゃんはまったく気にも止めず、あっけらかんと答える。いつもこの二人は、ここで滑り台の取り合いをしている。

　もうひとつ、小学生たちの大好きな場所が、こけの生えた岩。この

「こけ岩」の周りで鬼ごっこをしたり、かくれんぼをしたり、必ずここには誰かが遊ぶ姿がある。今日も四年生の子どもたちが鬼ごっこをしている。その様子を見守るように切り株に座っているのが、四年生の男の子、しんクン。しんクンはいつもペットの猫たちを連れて遊びに来る。しんクンはいつも一緒にいるけれど、動物たちとゆっくりみんなが遊ぶのを眺めているのが好きな男の子。小学生たちだけでなく、しんクンのペットの猫も、この「こけ岩」は大好きな場所のようだ。

そろそろ高学年の子どもたちも学校から帰って来る。お社の向かい側の方向には近くに小学校があるので、この公園を毎日通って帰る子どもたちもいる。ジグザグベンチは、もはやベンチというより、子どもたちにとって平均台のような遊具になってしまっている。

『今、帰ってきたのかね?』近くのおじいちゃんが小学生に声をかける。『うん! おじいちゃんもおばあちゃんとお散歩?』『そうだよ』おじいちゃんとおばあちゃんはいつもこの時間になると、犬の散歩をかねて、お社にやって来る。おじいちゃんとおばあちゃんの日課なのだ。いつも見かけるので、誰もがよく知っているおじいちゃんたち。『大きくなったね、赤ちゃん』ブランコに座っているお母さんにも声をかける。『はい、ありがとうございます』

ここは夕方になるとみんなが憩う場所。町の人々みんなが大事にしている場所だ。

ものがたり⑥　静かなる場所

秋のある日の日曜日の朝のこと。

『せっかくの日曜日だし、今日はちょっとおでかけしましょうよ』お母さんが言う。『そうだねぇ。どこへ行こうか。どこも人が多いだろうなぁ』とお父さんが応える。『たまには人が少ない静かな場所がいいわ。紅葉を見に行くのもいいわね。でも、この子、大丈夫かしら?』『まぁ、行ってみることにしようか』この家族には四歳ぐらいのやんちゃ盛りの男の子がいる。いつもなら男の子が喜ぶ場所に行くのだが、今日はどうやら、紅葉のきれいなお寺に行くことにしたようだ。

ここは五重の塔が有名なお寺。比較的新しい金の五重の塔と、年季の入った黒く貫禄のある五重の塔がある。特に本堂と黒い五重の塔は、間近にその姿を見たり、建物の中に入ったりすることはできないことになっている。とても由緒あるお寺で、重要文化財として管理されている。このお寺は庭園がとても美しいことでも有名。修学旅行でもよく学生たちが訪れる場所になっている。今日も遠くの学校の生徒が見学にやって来ている。

秋の紅葉の季節になると、一般に開放される期間があり、今日はちょうど庭も一般公開され、いつもより間近に見られることができる日だ。『ちょうどこの期間に来られたのはラッキーだったね』『そうね。とっても素敵ね』慌てて家を出てきた家族だったが、この景色を目の前にするとこころが落ち着いた様子。さっきまで大きな声を出していた、やんちゃな男の子も、不思議なことに、お父さんに肩車され、その景色を見ると静かになってしまうほど。『この子もぐずぐず言わなくなったわね、不思議』修学旅行の学生たちも行儀よく静かに見学している。『ここはなんだか、ざわざわしていた気持もすぅーっと落ち着くような感じがするんだよ、きっと。子どもたちにもそういうのは伝わるのかもしれないな』『そうかもね』そんな会話をしていることも目立ってしまうほどの静けさだ。

本堂や五重の塔を間近に見ることはできなくても、庭園を含めて少し遠目に見る景色がとても美しい。『あの黄色い岩はなぁに？』男の子が聞いた。『なんだろうな』その岩は本堂の左右にひとつずつ、そして一般客からは見えない本堂の裏にひとつ置かれている。なにか神聖な力を放っているような、またこの一帯を見守っているような、そんな不思議な魅力を感じる岩だ。『もう少し寒くなると、もっと紅葉が美しくなるんでしょうね……』

まだ木々は完全には色づいていないが、これから色づきを想像し、静かな、こころ落ち着く時間が流れる。秋の深まりももうすぐ。

◓理香子さんの感じていたこと

協力を依頼されたときは、緊張と恐れのような感情もあって、躊躇しないではなかったです。でも、今までにない機会だったので、思い切って挑戦してみようと思いました。

箱庭をつくるとき、現実的に見たものをヒントに置くべきか？　自分のなかに湧き起こったものを置くべきか？　迷って、あれこれ考えてしまいました。挑戦したいという気持と、なにか内的に邪魔するものとがぶつかり合っていました。もともと、砂を触ることに抵抗がありました。砂を触る気になれない、触れなかった。

元来、整っている地面を自分が掘り返して動かそうとは思わないタイプ。今回、「あ、触ってもいいんだ」と感じて、思い切って第①回で砂を触って「海」をつくりました。

玩具を置くとき、初めは「何を置こうか？」と考えたりしましたが、つくり出すと自然に置けました。手に取りたくなるものを手に取り、置きたいものを置いたのです。おかしいかな、と思っても、置きたいものを置きました。自分の好きなネコとか音楽に関わる物を置きました。置くことだけでこんなに楽しいのか、と癒しになりました。

「自分を出さないようにしよう」という気持はなかったけれど、自分でも「きれいすぎるかな」とは思いました。箱庭ではよく「戦い」のテーマが表現されると聞いたことはあります。玩具も目に留まりましたが、あえて「戦い」の場面をつくろうとは思いませんでした。動物で戦いの場面をつくろうかな？　と思ったことはありますが、つくるには至りませんでした。自分が唯一「退行したかな」と思うのは、第④回かもしれません。

どの回でも、物語はすぐにはつくれず、少し間をおいて書きました。意識が関与したと思います。「こんな展開で話がつくれそう」と、先々のことを考えたりもしました。

自分の内部には、「怒り」の感情は強くあると思います。日常生活でちょっとしたことで不公平感を感じたり、マイナス思考な人間だと思います。しかし、怒りとかしんどさがあっても、人前では出さないタイプ。出してしまったら、ものすごく激しく出してしまいそうで、そういう自分が怖いので、見た目には平然を装うのです。だから、肩こりとか、身体症状は出やすいです。今は、言うべきことはできるだけ言うように努力しているし、怒りをノートに書くことなどで発散しています。「切り替え上手」と評されることもあります。

今、振り返ると、そういう自分を無意識のうちに隠したかったのか。箱庭をつくり始めた頃、仕事がかなりハードで疲れており、ハードな生活からの現実逃避として、明るく楽しい平和な世界をつくりたかったのかもしれません。第①回の作品では、ハワイ旅行の思い出を再現したかった……。

箱庭をつくったあとは、「今日もこんなに置けた！」と思って楽しかったです。この試みに参加して、確かに「現実逃避」としての癒し効果があったと感じています。機会があれば、また体験してみたいと思います。

◓見守り手の眼差

理香子さんは、責任の重い専門職に就いている社会人です。どのような箱庭作品がつくられるか、興味深く見守りました。

第①回　青い海、ヤシの木立、くつろぐ人々など、明るくのどかな世界である。物語の語り手は、「僕たち」という猫たちである。猫たちは「ご主人様」とともに、海辺から離れた岩陰の安全な場所で「そっとのんびりしている」。つくり手は、実生活においても猫が好きなのだろうか。確かに、水の苦手な猫を海辺に連れてくるのは珍しい気がする。つくり手自身が「置いたものどうしのそぐわなさを感じつつも、両方置くことを選んだ感じ」と述べているが、どちらも、どうしても置きたい（作りたい）気持になるアイテムだったのであろう。箱庭の下半分、向かって左寄りのまろやかな青い海は、現実世界を離れての退行への憧れを感じさせるものである。

第②回　動物の世界である。「動物園」という管理され保護された場であるが、檻も柵もなく、動物たちは同じ種類どうしで自由にくつろいでいる。しかも「休園日」であり、客はおらず、動物にとって休息の時間である。

前回、海として表現された水は、右下隅に「カバ」の小さな池となっている。檻も柵もない動物園だが、この池だけは、水が漏れださないように、がっちりと枠で囲まれているのが印象に残る。

物語の語り手は、「俺たち夫婦」という年配の飼育員である。この動物園は、開園から日が経っており、今では肉食動物もいない、質素で落ち着いた園である。大きな動物でも間近で見られ、直接触れ合えるのがコンセプトで、それなりに人気のある動物園である。年配になった飼育員にとって、動物の世話は「肉体労働でとてもしんどい」けれど、「動物たちの顔を見ているとやっぱり癒され」「逆に元気がもらえるような気がする」という。動物と触れ合うことで、無意識的・原初的なエネルギーが充電されるのであろうか。

第③回 右下方向にある街と「椰子の木ロード」によってつながっている「大きな湖に浮かぶ小さな島」。この島は、子どもだけしか入ることができない、子どものための「遊びの楽園」である。遊戯療法におけるプレイルームを連想させる。

大人たちも、子どもの頃にこの島で遊んだ経験をもっているため、安心して子どもだけをこの島に送り込んでくるという。この島で楽しく遊ぶ子どもたちは、第②回の「休日にくつろぐ動物たち」とも重なるイメージである。つくり手にとって「童心に帰る」ということがとても大切であるように感じられた。

また、物語の語り手が「わたしたち五人の妖精」であることが注目される。この子どもの園を守る妖精とは、プレイセラピストのイメージをも連想させるものである。

第④回 「ふたつの世界」が現れた。つくり手が唯一「退行したかな」と思った回である。

砂箱の左上半分は、魔法使いの王とお妃が支配する「暗い闇夜の世界」。彼らは他の世界を知らないので「自分たちがつくる闇夜の世界がすべて」であると信じ、「誇りにさえ思っている」。右下半分は、花と光に彩られた明るい世界。こちら側には「背中に羽のある少女」がユニコーンに守られながら妖精たちと暮らしている。こちら側の世界は、これまでの子どもや動物の楽園と重なる世界である。大人の営む闇夜の世界と、子どもの住む光に満ちた明るい世界は、お互いに相手の存在を知らず、交わることなく別々に存在する。それは、「なんだかかわいそうだし、なんだかさみしい感じ」であるという。

ただ、王妃様と少女は、同じ「透明の石」を大切に持っている。この石は、その人の魂というか中核にあるものではないかと感じられる。岡田は「石の象徴的意味はいろいろある。宝石とつながって自己を表すこともあるし、どこにでもある、価値のないものをも示すし、また、カルフが指摘したように、宗教と関係の深いものでもある」と述べている。

同じ石を大切に持つ王妃と少女は、本当は母子であり、いつかは巡りあうべき存在であろうか？　そして、このふたつの世界は、いずれは、より重層的で深みのある世界へと統合されていく可能性を秘めているのであろうか？　いずれにしてもこの回は、シリーズ中のエポックであると見なせよう。

第⑤回　老若男女が憩う公園。季節は秋の夕方。「大きな噴水の池」と「小さなお社」と「こけの生えた岩」が印象的だ。「水」は第④回を除いて毎回現れる存在であり、生命の源であり、癒しを与えてくれるものである。

日本的な宗教性を象徴する「お社」は、今回初めて出現した。これまでのファンタジックで国籍不明な世界に比べて、今回の世界は明らかに、伝統的な日本の風景であると見なせよう。お社は地域社会の守り神であり、人々のこころの拠りどころになってきた場である。

「こけの生えた岩」もまた印象深い。「岩」は、太古から続く不変の存在であり、この世とあの世をつなぐイメージを有するものである。昔から岩は大木と並んで神の依り代とされ、あちこちに岩を御神体とする磐座が存在し、信仰の対象となってきた。また岩の洞窟は、人間を守る隠れ場所でもある。

第⑥回　新旧ふたつの五重塔と本堂をもつ由緒ある寺院（重要文化財）の風景がつくられた。寺院もお社と同じく宗教性を表す存在である。秋の日曜日、両親は四歳になるやんちゃな男の子を連れてこの寺院を訪れる。この子なら、第③回の子どもだけの「遊びの楽園」に連れて行って妖精たちに預けておいても良さそうなものだが、ここでは、親子そろって寺院を訪れているのが印象的である。およそ幼児向きの場所ではないのに、「やんちゃな男の子も、不思議なことに、お父さんに肩車され、その景色を見ると静かになってしまうほど」である。また、修学旅行の生徒たちも「行儀よく静かに見学」しているという。幼児や若者でさえ自ずと静かになるような厳かな空気のみなぎる場所なのであろう。

そこにも、三つの「黄色い岩」が存在している。その岩は「なにか神聖な力を放っているような、そんな不思議な魅力を感じる岩」であるという。前回に引き続いて、岩の存在が注目に値する。黄色の岩とは珍しい。黄色は、ポジティブには知性・直観・霊感・愛・平和などを象徴する色と見なされている。

重要文化財という公的にも価値を認められた由緒ある寺院の宗教性に守られ、大人も子どもも「ざわざわしていた気持もすぅーっと落ち着くような感じがする」というところで、この《箱庭ものがたり》は幕を閉じたのである。

この《箱庭ものがたり》の展開を眺めてきたわたしは、最終面談における「自分の内部には『怒り』の感情は強くあると思います。日常生活でちょっとしたことで不公平感を感じたり、マイナス志向な人間だと思う」との語りを耳にしたとき、いささか意外な思いを禁じ得ませんでした。

箱庭からも物語からも、そのような印象は受けなかったからです。特に前半の箱庭は、メルヘン調のきれいで可愛らしい世界が印象的で、子どものこころ、子どもの世界を大切にする、激しい葛藤やドロドロした情念とは縁の薄い人のような感じであったからです。

しかし、「怒りとかしんどさがあっても、人前では出さないタイプ。出してしまったら、ものすごく激しく出してしまいそうで、そういう自分が怖いので、見た目には平然を装うのです。だから、肩こりとか身体症状は出やすいです」『切り替え上手』と評されることもあります」との述懐によって、つくり手の在り方をある程度理解できたような気がしました。

おそらく理香子さんは、しっかりと自分を防衛できる力量を備えた人なのでしょう。そういう自分に対する理解もできているのでしょう。つくり手にとって、この全六回のシリーズが自己探求に役立ったかどうかは定かではありません。けれども、『現実逃避』としての癒し効果」があったとの述懐は、この〈箱庭‐物語法〉がそのような目的のためにも活用できることを示唆しているのではないでしょうか。

おわりに

わたしたちはこれまでに、従来、主にセラピストの教育訓練、教育分析の場で用いられてきた〈箱庭‐物語法〉を、健常者を対象にした自己探求・自己理解のための技法としても広く活用できるように、という目標に向かって、事例の集積と検討を重ねてきました。本章を通して、この技法には「現実逃避としての癒し効果」もあることが見てれます。

高度先進社会といわれる現代社会では、人間の自然な状態を顧みずに外的適応を強いる状況が著しく、人は心身両面で多大なストレスに晒されています。

河合は、近代になって自然科学の発展に伴い急速に価値を失った〝物語〟の意義について解き明かし、「物語が関係づける働きをもっているという点で、自と他との関係づけに加えて、自分の内部における関係づけのことも忘れてはならない」と指摘しています。自分の意識と無意識をつなぎ、全体的な統合を破綻させないために《箱庭ものがたり》は、これからの時代に役に立つのではないでしょうか。

日常生活において重い責任を負い、多忙な毎日を送る人々にとって《箱庭ものがたり》が少しでも心身の疲れを癒し、本来の自分らしさに気づくような効果をもつならば、うれしいです。

菅　佐和子
吉田　晴美
岡部世里佳
大黒　麻木
佐藤可南子

第五章　わたしという物語

この章は、かつてわたしの見守りのもとで《箱庭ものがたり》を体験したつくり手（冬実さん）に、約五年後、自分の作成した作品を改めて見直し、当時を回想してもらったものです。当時の冬実さんは、大学での学業を終え、いよいよ社会人として出立する時期にありました。その後、社会人としての経験を経た現在、改めて自分の作品を眺めなおし、あの当時《箱庭ものがたり》を体験したことは、自己探求・自己理解のために多少なりとも役立ったと考えられるか？　その体験は、現在の自分に何らかの影響を与えていると感じられるか？　といった観点からの質問に答えて頂くことにしました。そのことによって、《箱庭ものがたり》の体験が一過性のものではなく多少なりともつくり手に内在化する可能性があることを探りたく思います。

冬実さんは当時二十代前半の女性（学生）。隔週で六回、箱庭ものがたりをつくってもらい、その後面談一回を実施。

◐わたしだった私

ものがたり①　ここは動物の森です

ここはサバンナ。自然が豊かで、広々とした土地が広がっている。ライオンやチータなど肉食動物のすみかと、ゾウやシマウマなど草食動物のすみかの二つの領域が存在している。肉食動物たちは森の奥深くで生活し、草食動物たちは平らな平野で生活している。普段は、互いにそのテリトリーのなかで平和に暮らしている。ふたつの領域を自由に行き来するのは、フクロウだけ。

森のはずれには、湧き水のたまった水辺があり、きれいで新鮮な水を誰でも飲むことができる。草食動物のなかには親子で生活している動物もいて、のんびりとした時間が流れている。草食動物どうしは、互いに共生し、お互いを攻撃することはない。肉食動物たちも、お互いが同等

の強さをもっているため、牽制し合い、大きな争いが起こることはない。

フクロウは、唯一、空を飛ぶことができる動物で、どちらの領域にも属さない。そのため、他の動物との争いや揉めごとに関わることもない。

ここは平和には、バランスのとれた日常が広がっている。

ものがたり②　海の世界

わたしはクジラ。広い海の世界に住んでいる。

この世界にわたしはたくさんの友達がいる。きれいな色をした魚の兄弟。大きなひれを広げて泳ぐエイ。イカやフグなんかも。なかでもイルカの親子とは非常に仲が良くて、二頭の仔イルカのことは、とても可愛がっている。二頭はいつも一緒に行動し、遊んでいる。砂浜付近にはアヒルの家族やペンギンの親子が見える。わたしは浅瀬に行くことがめったにないので、彼らと話すことはできないが、遠くに見えるその姿は、わたしのこころを温めてくれる。

高台にはお城が見える。遠く離れ、高い場所にあるその立派なお城に、誰が住んでいるのかわからないが、わたしの憧れ。あんな場所に住めることはきっとない。それでも憧れずにはいられない、そんなお城。

灯台もある。灯台は海を見守っている。押し寄せるどんな波にも負けず、常に海を照らしている。わたしはときどきその光を見る。あるはずの光が確かにそこにあるということが、わたしを安心させてくれるのだ。

ものがたり③　夢の国をめざして

わたしはウサギ。旅をしてきた。仲間から夢の国の話を聞き、「ぜひ、そんな国に行ってみたい」と思ったから。

やがて気づけば、不思議な世界に迷い込んでいた。目の前には、真っ赤な木の森が広がっていた。よく見れば、なかにはもう枯れそうな、暗い色をした赤い木もあった。赤の木は無数に覆いかぶさり、空もよく見えない。わたしは恐ろしい気分になった。

そんな赤の森を抜けると、黄色の森に入った。黄色の森は赤の森と違って、まぶしいほど光が差し込んでいた。見上げると、燃えるような黄色と青色のコントラストが美しく、わたしたちも大きなパワーをもらえた気がした。

その先にはわたしが普段住んでいるような緑の森。その先に川もあった。川には細い橋が架かっている。細いけれどもしっかりした橋。その先には、この世のものとは思えない色合いの世界が広がっている。わたしは「ああ、これが夢の国なんだ」と思った。見たことのない大小の花、きれいな色の家やベンチが見える。

そこに一匹の犬が見える。あの犬はわたしのいた世界から来たのだろうか？　それともこの世界の住人なんだろうか？　そんなことを思いながらわたしは走った。あと少しで夢の国の入口。わたしは「早くあの犬と言葉を交わしてみたい」と思った。

ものがたり④　犬の気持

僕は犬。と言っても飼い主はいない、野良犬。

僕は小さな町のなかで生活している。この町には親切な人がたくさんいる。だから、野良犬ではあるが、あまり不自由することなく、むしろ誰かに縛られることなく、自由に生活している。

ピンクの屋根の可愛い家には、若い夫婦が住んでいる。僕はお腹が空くと、まずこの家に向かう。この夫婦はとても優しく、残り物のご飯やパンの耳などを分けてくれる。残り物といっても僕にとっては十分おいしいご飯。

この家の右隣には四人家族が住んでいる。ここのお母さんは怖い人で、飼い主のいない僕のことを嫌っている。なぜなら、いつも汚れているから。噛みついたりするのではないか？　とも恐れているようだ。僕はそんなことはしない。人間にそんなことをしても意味がないから。この家には姉と弟の兄弟がいて、こっそり僕におやつを分けてくれる。お母さんに見つかるとこの姉弟が怒られてしまうので、僕もこっそりもらって、こっそり帰る。彼らと僕だけの秘密。秘密、というのもまた、それはそれで楽しい。

また別の家には、中年の夫婦が住んでいる。この夫婦も僕のことを可愛がってくれているが、この家には猫も住んでいる。だから僕はちょっと遠慮して、たまに遊びに行くことにしている。

それから、町の外れには不気味な家が建っている。老女が一人で住んでいるのだが、なかなか姿を見せないので、皆は「魔女の家」と言って近づかない。たまに見せるその姿も、髪はとても長く、いつもみすぼらしい恰好をしている。その姿が余計に町の人の恐怖心をあおるのだろう。彼女は町のなかでは異質な存在で、何となく虐げられているように見える。でも僕は、この人が本当はとても優しい人だと知っている。雨の強い日、飼い主のいない僕を部屋に入れてくれるのだ。寒い日は自分の毛布に入れてくれることもある。近くの池で僕を洗ってくれることもある。本当は誰よりも優しく、誰よりも親切な人。僕はそのことを皆に話してあげたいと思っている。

僕は野良犬だけど、それを悲しく思ったり、人間に憧れたりすることはない。でも、こんな時はどうしても、言葉を話して、皆に本当のことを伝えたいと思わずにはいられない。

ものがたり⑤ にんげんと動物

僕たちの世界にはいつも、平和で穏やかな時間が流れている。でも最近、そんな雰囲気を壊すような出来事が起った。戦争というのもひとつの大きな問題。森は焼かれ、そこに住んでいた動物たちは行き場を失ってしまう。それだけではない。ジャングルクルーズと称したにんげんの旅行ツアーだ。ジャングルツアーは、ヘリコプターやアウトドア・カーに乗って僕たち野生動物を観察して回る旅行ツアー。にんげん界では、このツアーはとても人気があるようだ。

僕たちはこのツアー自体に反対するつもりはない。このツアーに参加して皆が「自然を大切にしよう」「動物と仲良くしよう」と思ってくれれば、そんな良いことはない。でも、なかには、ツアーの最中に僕たちに向かって石を投げたり、ゴミを捨てたりするにんげんも増えている。

この前も、僕たちの仲間が怪我をした。だから僕たちはひそかに戦っている。突然、こうしたツアーの車などに攻撃する動物の映像をテレビなどで観たことはないだろうか？　僕たちは、何もしない人たちに攻撃したりはしない。キリンやシカなど弱い動物は森の奥に避難しているが、僕やライオン、ゾウなど力の強い動物は、戦う。自分たちの森を守るため。いつか、にんげんと動物と自然が共存できる日がくればいいな、と思っている。

ものがたり⑥　みんなの憧れ

僕はペンギン。海辺に住んでいる。僕の周りにいるのは、フラミンゴやアシカなど、同じように海辺で生活している友だち。

最近僕は、もっと広い世界を見たくてたまらない。お父さんに聞いたところ、もっと深い海のなかには僕が見たことのない生物がたくさん住んでいるらしい。僕らよりもはるかに巨大な体で泳ぎまわるクジラやイ

ルカという名の生物がいるらしい。僕は泳ぐことができるが、深いところまで行くことはできない。陸の近くでなければいけないのだ。

それから、僕は空を飛ぶことができない。フラミンゴたちはきれいな色の羽根を広げて、ときどき空へ舞い上がる。僕にも羽根はあるが、空を飛ぶことはできない。高いところから見る景色はどんなに素敵なものだろう……僕は憧れてならない。

僕には、決めていることがある。そびえ立つあの灯台にいつか登ろうと思う。あの灯台は、僕の家族、友だち、皆の憧れ。僕はあの灯台をいつも眺めている。思えば、灯台の向こう側の世界を僕は見たことがない。僕だけでなく、イルカやクジラでさえも、あの向こう側のことを知る術はないだろう。

今、あの灯台に一頭の黒い生き物が登ろうとしている。僕はあの生き物のことを詳しくは知らないし、あのように速く走ることもできない。それでも僕は、あの光景から大きな勇気をもらっている。今まで誰かがあの灯台に登るところを見たことが無かったから。僕の夢も叶うかもしれない。速く走れなくても、一歩ずつ、確実に登って行こうと思うのだ。

いつの日か、空から、この世界を見てみたい。

わたしは馬。黒い馬。わたしの周りに白い馬はいるが、黒い馬はあまりいない。

わたしは今、一心不乱に山を登っている。足元は砂で覆われ、とても走りにくい。それでもわたしはやめない。なぜなら、この先にある灯台まで登りたいから。

わたしはその高台から、この世界を眺めてみたいのだ。この挑戦をしたいと、ずっと思っていた。あの灯台への憧れは、ヒツジもクマもチータも、皆がもっている。でも、挑戦するものはほとんどいない。途中で砂が崩れるかもしれないし、道に迷うかもしれない。皆、怖いのだ。わたしも以前はそう思っていた。でも到達したい。眺めてみたいのだ。

わたしのこの挑戦を誰かが見てくれているかはわからない。もしかしたら、誰も見ていないのかもしれない。それでも登る。もし、この挑戦に成功したら、きっと何かが大きく変わると思う。それが何であるのかはわからないけれど、きっと変わると思うのだ。そして、この姿を誰か一人でも見ていてくれたら、そんなにうれしいことはない……。

◐冬実さんの感じていたこと

《箱庭ものがたり》に挑戦したのは、箱庭で何が明らかになるかわかっていなかったので、自分がやってみたらわかっておもしろいかな？　と思ったからです。

動物が好きです。第①回では動物とピラミッドを使いたかった……。ピラミッドの実物が見てみたい……届かなさそうな高い目標に憧れます。ものがたりづくりは、最初は要領がよくわからなくて難しかったです。肉食動物と草食動物が共存しているイメージ。フクロウは鳥なので、次元の違うところにいます。あまり誰とも関わらないけれど、いろいろなものを見ることができるので、いいなあと……。

いつも、「これが使いたい」という物が決まってスタートします。第②回は「お城」。前回は動物の世界だったので今回は海のなか。お城は、海のほうから見ると手は届かないけれどシンボル。物語の主人公は特に決めていなくて、写真を見て、クジラにしました。わたしは偉人や探検隊の話を「すごい」と思いながら聞いたり読んだりするのが好きです。

第③回では、古い家が使いたかった。いつも緑の木しか使っていないので、赤や黄も使ってみたかったのです。動物では、ウサギや犬が好き。「メインの物を置かないと、物語はつくれない」と学習しました。

元来、建物が好き。第④回では、建物がいっぱい目につきました。それだけでは寂しいので、犬を置きました。物語はすぐつくれました。自由にあちこちの家に行けるのが羨ましいのかも……。実際には、あちこちのグループに出入りするのは難しくてしんどいけど、野良犬ならできる。でも、必ず助けてくれる魔女の家があるのが、犬の最後の拠りどころです。

第⑤回では、なぜか、どうしても、ヘリコプターが使いたかった……。最初はジャングルクルーズだけのイメージだったけど、戦車とかを置いてしまった……。自然破壊や戦争はよくないと思っていることもあります。小さいとき、とても可愛がってくれた祖父が入院したことも影響があるのでしょうか……。

第⑥回は最後なので、いろいろな物を置きたかったです。まず灯台。海も森も両方置けるように。

自然をテーマにしました。物語も、最後はちょっとまとめたいと思いました。ペンギンの夢を実現しているのが黒い馬。黒い馬は一頭しかいなかった。最初は灯台だけだったけど、途中で、黒い馬のようになりたいと思ったのです。黒い馬が最初に灯台に登ろうとしているのを、ペンギンは「憧れています」と見ている……。

全体を振り返ると、いつも自分の使いたいパーツを使うのかと思っていましたが、その時その時、目につくものが違って、思いがけない物を使ったりしました。

最初は、砂の上をすべて埋めなくてはいけないような気がしていました。途中からそうではないと気づいたけれど、やはり、数多くの物を置くタイプ……。置く物がなくなっても、すぐ物を探す。スペースを空けるのが嫌。

空き時間が好きでないので、バイトもいっぱい詰めています。何かをしていると生産的な活動をしている気になるのです。わたしは、見える成果が充実感となるタイプです。多少、自己探求にも関心がありました。今日の振り返りを通して、何となく感じていた自分の個性が、改めてはっきりしたように思います。


平和、自然、動物などが好きなんだなと思いました。

境界を超えて自由に行き来していろいろなものを見たい、という希望をもっている。高い理想に憧れるけれど、自分で努力するのではなく、人のするのを見ている段階なのでしょうか。学生から社会人への過渡期で、どこへ行き着くか、少しは見えているがまだはっきりしていません。何となく目標は見えてきましたが、まだ実現はしていない……山を登っている途中という感じです。

◓見守り手の眼差

冬実さんとの箱庭とものがたりづくりのプロセスは、予定どおり滞りなく進行しました。粛々と破綻なく課題をこなすところに、冬実さんらしさが発揮されています。

第①回　動物の世界。肉食動物と草食動物の領域があり、各々がその領域で平和に暮らしている。生命を維持する湧き水にも恵まれ、どこにも争いや戦いがないことが強調される平穏でバランスのとれた世界。左下隅のフクロウだけが二つの領域（世界）を安全に行き来し、見聞を広めている。右上隅には、大きなピラミッドがある。

第②回　海の世界。こちらも争いや戦いのない平和な世界。物語をつくる際に、主人公にクジラが選ばれる。前回のピラミッドに替わり、城と灯台が置かれた。

第③回　「夢の国」を目指すウサギが主人公。「普通の世界」と「夢の国」という二つの世界が、川を隔てて並存している。

第④回　小さな町に住む野良犬が主人公。彼は、あちこちの家で食べ物をもらっている。なかでも、町はずれの不気味な家に住む魔女と噂される老女が、実は優しくて親切な人であり、彼の最終的な拠りどころとなっている。第①回のフクロウもそうだったが、「あちこちの世界を見に行く」ことが、つくり手の願望になっているようだ。フクロウは対象と関わらずに上空から見る存在であるが、犬は、対象と感情的な交流をもちながら見る存在。なかでも「魔女」と噂される老女とは、温かい感情交流が認められる。物語にはさまざまな人間が登場するが、箱庭には人間のフィギュアは置かれていない。

第⑤回　初めて「戦い」が表現された。主人公は言語化されていないがオオカミのようだ。サファリパークの動物たちは、人間と仲良くしたいと願っているが、こころない「にんげん」が動物を傷つけるため、力の強い動物たちがそれに抵抗して戦いを始めた。冬実さんは今回初めてヘリコプターが目に留まったとのことで、どうしてもそれらを置きたくなったという。ヘリコプターや飛行機は、第①回のフクロウと同様、空を飛んで領域（世界）を超えることが可能な存在である。そこには人間が乗っているはずだが、ここでも、人間の姿は置かれていない。

第⑥回　最初の主人公はペンギン。ペンギンは、泳ぐことはできるが深い海のなかまでは行けず、羽根はあるものの空を飛ぶことができない存在。このペンギンも「もっと広い世界を見たい」と切望している。そのため彼は「そびえ立つ灯台にいつか登りたい」と決意している。今、その灯台に向かって、一頭の黒い馬が疾走する。その馬が灯台を目指すことで、ペンギンは勇気をもらったと感じる。

ここで、主人公は黒い馬に替わる。馬は「わたし」と自称する。この黒馬も、灯台から広い世界を眺めたいと願い、ひとりで疾走する。灯台に登ることは、すべての生き物の憧れであるというが、挑戦する者はほとんどいない。先鞭を切って挑戦する黒馬は『もし、わたしがこの挑戦に成功したら、きっと何かが大きく変わると思う』『そして、この姿を誰か一人でも見ていてくれたら、そんなうれしいことはない』と述べている。

全体を通して　つくり手は、争いや戦いを好まず、平穏であることを望む。人間世界の生々しい葛藤から距離を保ち、ひたすら、(より広い世界を)「見る」ことを希求する。自分の置かれた環境に自足するのではなく、まずは広い世界を安全な空の上から眺めてみようとする。人間のフィギュアがまったく置かれず、すべてが動物のドラマであることは、つくり手の人間関係に対して一定の距離を保っていたいという気持、強いて言えば不信感のあらわれであろうか。

第③回のウサギは、自分の足で「夢の国」を目指そうとする。しかし「夢の国」の中身については語られておらず、今住んでいる世界とは別の世界であることだけが示されている。

第④回は、小さな町が舞台である。主人公の野良犬は、野良犬ではあるものの、あちこちの家で食物をもらい、不自由なく生活している。人間があちこちのグループと関わることは難しい面があるが、野良犬であればこその特権であるという。家ごとの住人の個性は、きめ細かく描き分けられている。特に、皆から魔女として疎まれる老女の優しさや温かさを知る主人公が、それを「人間たちに伝えたい」と願うところが印象的である。無条件で受け入れてくれる老女は、野良犬の最後の拠りどころであり、同時に、自分が守ってあげたい存在でもあるといえよう。

第⑤回には、初めて「戦い」が出現する。戦いの元凶は、野生動物ではなく人間である。つくり手は野生動物の側に身を置いており、ここにも、人間に対する不信感というか批判的な眼差しが感じられる。

第⑥回では、灯台に登って広い世界を眺めたいというテーマが顕著にあらわれる。空を飛ぶことのできるフクロウやヘリコプターではなく、空を飛ぶことのできないペンギンと、黒馬がそれを希求する。ペンギンは、黒馬の果敢なチャレンジを見ることで勇気をもらい、黒馬は初挑戦者として、走りにくい砂地を灯台に向かって疾走する。夢を実現するためにみずから動き出した黒馬の姿が印象的である。ひたすら「見る」存在から「行動する」存在へと、つくり手のこころのエネルギーが活性化されたのではないかと推察される。

（言うまでもないが、以上の見守り手の感じたことは、最後の面談までつくり手には一切伝えていない）

◓五年後の冬実さん

五年前に作成された箱庭と物語を改めてご覧になって、どのような感想を持たれましたか？

興味をもった世界は覗いてみないと気が済まない、でも物事への取り組みは慎重、という相反する部分をもった性格ですが、この箱庭を作成した時期は、ちょうど就職する直前で、新しい生活が始まることへの期待と不安の両方が高かった時期だったと改めて感じました。

「領域の枠を超えていろいろな世界を見たい」というテーマが印象的です。

わたしは、「今、ある程度幸せなら、いいか」という性格ではなくて、「もっと面白い世界があるかもしれない。確かめてみたい」と常に未来に期待をもつような性格です。それは今も変わりませんが、社会人として生活するなかで、学生時代よりは少し現実的な感覚の比重が増えてきたように思います。

たとえば、仕事でも「隣の芝生が青く見える」気持になることがありますが、すぐに飛びつくというよりは、時が来るのを待てるようになった気がします（忙しさに忙殺されて、飛びつくエネルギーが減ってきたのかもしれないのですが……）。現状に満足するようになった、というよりは、未来の来るべき時期のために「自分の庭を育てよう（準備しておこう）」というように、一呼吸おける余裕もできたかな？　とは思っています。もしかすると、そう思って「思いどおりにはいかない現実を受け入れよう」と、こころのどこかで思えるようになったのかもしれません。

また、わたしは海外旅行が大好きで、昔は「将来は海外に住みたい」なんて思いもありました。今も隙を見てはいろいろな所へ行くのですが、「結局は日本がいいな」と思うようになりました。一度きりの人生なのでなんでも自分の目で見てみたい、とは思っているのですが、「好奇心」と「慎重」だと「慎重」の比重が増えてきた、といった感覚です。

ピラミッド・お城・灯台など、丈高い、大きな建造物がよく登場していますね。

一度きりの人生なのでいろいろなものを見たいという気持が強く、特に日本以外の文化、世界遺産や歴史的な建造物などがとても好きなことが影響していると思います。美しい建造物を見ると、ただただ、その美しさや、現代ほど高度な建築技術のない時代にこの建物がつくられたことへの感嘆で、「わたしの悩みなんて、どうでもいいな」と、いつも思います。いろいろなことに憧れを抱く性格が、こうした「崇高な建造物」への嗜好につながっているのかもしれないです（そのためか、世界遺産といっても、自然ではなく人の手でつくられた建造物にこころを惹かれます）。

人間のフィギュアが一度も登場していません。主人公はいつも動物ですね。

指摘されるまで気に留めていませんでした。人間を使う、という発想はまったくなかったように思います（人間のフィギュアがあったことも記憶にありません）。小さいときから、お人形遊びはあまり好きではなくて、ぬいぐるみ派でした。人形が目に見える場所に置いてあること自体が、怖くて苦手でした。細かいことが気になる性格だったし、わりと人の言動を気にしてしまうので、自分の世界（箱庭）には人間を置きたくなかったのではないかな？　と思い返します。

「ふたつの世界」が存在することが多いようです。

「理想」と「現実」、または「好奇心」と「不安」を気づかずに表現していたのかな？　と思います。ちょうど、学生から社会人となる過渡期だったので、こころのなかに常にあった気持が知らず知らずに出てきたのではないかと思います。

また、自分の「外」の部分は広くいろいろな分野への興味をもっていますが（＝不安定）、人間関係やこころの拠りどころといった「内」の部分は狭く深く置いておきたい（＝安定）というわたし自身のバランスを表したのかもしれないです。

「争いや戦いのないこと」が強調されているように思われます。

昔から、「人が争う」ということが理解できなかった気がします。切磋琢磨とかライバルとかといったポジティブな争いには、むしろ肯定派なのですが、「意地悪」「いじめ」など誰にとっても意味のない争いが起こるというのは、不思議に思います。そういう言動はする側にもされる側にも単なるエネルギーの消費でしかなく、とても無駄なことのように思います。

社会人になって、余裕がなくて、「周りに気を使えなくなってしまう」というのは自分を含め、誰にもあるな、と強く感じ、周りの人からの一言をいちいち気にすることは減ったのですが、当時はちょっとしたことにとても傷ついていたように思います。

動物の争いは生きるためのものであり、それは「意地悪」ではありません。そんなこともあって、人間のフィギュアを使わなかったかもしれないです。人間は生きるための能力以上のものをたくさん身に着けたがゆえに、こういった争いが生まれるのだと思います。

「横暴なにんげんに対抗する動物たち」という戦いのテーマが現れましたね。

一度くらい「凶暴な世界」をつくってみたかったのかな？　と思います。全六回ということで、終わりが見えてきたタイミングだったからだと思います。

「他者が頑張るのを見ていたい」ペンギンの他に、「自分自身で努力する」黒い馬が登場します。

箱庭も最終回となり、学生生活も終わりが見えていた時期だからだと思います。「まったく異なる分野へ進む自分には試練も多いだろうな」という気持と、「その先に何を思うのかな」という気持を表したのだと思います。

箱庭ものがたりの体験は、現在のあなたにとって、どのような意味とか影響をもっている（あるいはもっていない）と感じられるでしょうか？

箱庭じたいが影響を与えたということはあまり思ってないのですが、最終回で先生とお話しした内容を思い出すことがあります。なるほど、と思ったコメントがありました。どの箱庭も深い意図をもって作成したわけではないのですが、先生のコメントが的確で、それは自分の性格や思考を客観視するいい機会となったと思います。性格や思考は五年経った今もそんなに変わるはずはなく、ふとした時にそのコメントを思い出すことがあります。

また、こうやって、当時の箱庭を振り返ることが、現在の自分を見直すいい機会だと強く感じます。仕事をしていると、忙しいうえに、周りと自分の考えが合わず（いくら主張しても伝わらないことも多く）、「自分の価値観は誤っていたのか?」という気持になることも多々ありました。こうして箱庭を振り返ることで、自分の軸がはっきりするというか……、「自分の信念は貫いていこう」という気持になれた気がします（もちろん悪いところは直していきますが……）。

その他、どんなことでも思いつかれたことを自由に……

無意識は正直だな、と思いました。何も考えずに楽しんで作成した箱庭がこんなにも性格を的確にあらわすとは……という気持です。

もし機会があれば、また体験してみたいと思われますか？　思われませんか？

体験したいと思います。五年前に経験するまでは、「ワンパターンな作品しかできないだろう」と思っていましたが、そのときの気持の持ちようでいろいろつくれることがわかりました。さまざまなものを配置したいと思うのに、今回の質問にあるようなある一定の特徴が抽出され、その抽出された特徴は自分の軸を表すと感じます。軸をもつのは大切なことだと思いますが、その軸を客観的に見て、その偏りや、取り入れるべき思考など、今後の人生の設計につながるかなと思います。

また、ただただ楽しかったのでまたやりたいです。小さいころ砂遊びが好きでしたが、そんな感覚を大人になっても味わうことができて楽しかったです。

おわりに

冬実さんの回答のなかで注目されるのは、「箱庭自体が影響を与えたということはあまり思っていない」が、見守り手のコメントを通して「自分の性格や思考を客観視するいい機会となった」との見解です。

わたしは、つくり手の内部から生じる《箱庭ものがたり》そのものがつくり手の自己洞察を促すことを期待し、見守り手の影響を最小限に留めたいと考えていました。東山は、「箱庭療法の訓練において、見守り手がつくり手に与える無意識レベルの影響の大きさ」について指摘しています。見守り手の影響を皆無にすることは不可能であるにしても、なるべく少なくするため、わたしは、最終回まではコメントを差し控えるようにしました。それは、わたしたちの研究において「この技法をさまざまな見守り手が用いる場合に、なるべく条件を統制できれば」と考えたためでもあります。しかし、冬実さんの見解は、その期待を裏切り、「見守り手のコメントを通して初めて気づきが促された」というのです。

それを知ったことでわたしは改めて、この技法が容易に標準化されるようなものではなく、あくまでもつくり手と見守り手の心理的な関係性において生み出されものを取り扱うしかない、ということを再認識する思いです。つくり手と見守り手のあいだで取り扱われる豊かな素材を生み出すのがこの技法の意義だ、といえるかもしれません。
また、最後の「ただただ楽しかったのでまたやりたい」との感想からは、《箱庭ものがたり》が、それに適した人にとっては、理屈抜きにこころを遊ばせることができる魅力的な技法になり得ることがうかがわれました。

菅　佐和子
佐藤可南子
岡部世里佳
大黒　麻木

第六章　旅のふかまり

〈箱庭-物語法〉の見守り手にとって、つくり手の作品をどのように受け止め、味わい、理解し解釈するかは、重要な課題です。これまでは、見守り手はあくまでも、つくり手のイメージの流れを尊重し、経過途上では極力、介入しないようにしてきました。見守り手が自分の感想や理解したことをフィードバックするのは、最後の面談のときだけでした。そこには、「見守り手の個人差による影響を最小限に抑えたい」という方針があったことも確かです。

けれども、箱庭づくりを見守っている際の見守り手のこころの動きは、言語化しなくても、つくり手にどこかで伝わり影響を与えている可能性は大でしょう。また、「言語化しなくてもよい」という条件に甘えて、ぼんやりと見ているだけでは、箱庭表現を生み出す「場」の守りの薄さにつながることも危惧されましょう。言語化はしなくても、見守り手のこころのなかで生き生きとした想像や共感的理解、そして、それを基盤とする「解釈」がなされていることが望まれるのは、言うまでもないことです。

見守り手の経過途上でのリアルタイムなこころの動きについては、改めて考えなくてはなりませんが、ここでは、「過去の作品（写真）を改めて見直し、見守り手と第三者の対話によって理解を深める」ことを試みたいと思います。

美幸さんは当時二十代前半（学生）です。

対話は、箱庭が作成された六年後に、筆者A（見守り手：菅）と筆者B（第三者：近藤）によってなされた。美幸の箱庭作品の写真と物語を、回ごとに鑑賞し、自由に感想・連想・解釈などを語り合い、作品への理解を深めた。ただし筆者Bは、作品をゆっくり鑑賞するため、事前に写真とコピーを自宅に持ち帰り、感想を文章化して［対話］の場に持参した。

●かさなる対話

ものがたり①　日常

どこか、遠くへ行きたいと思う。「この場所は自分（後ろ向きの男性像）には合っていないのではないか？」と思いながら、しかし「自分の居場所はここにしかない」「自分はこの場所以外では生きられない」と思う。そして、そう思った瞬間、望んでいた広い土地、広がる自然、積み上げられてきた歴史の遺産……そのすべてが、本当は存在しなかったように、脳裏から消滅する。

ずっと続けられてきた、同じ毎日が始まる。どこかで、歴史的建造物に悪戯があったと報じられ、どこかで紛争が起こっているとのニュースを聞く。昔の友人が体を壊したとの噂を聞きながら、毎日、同じ電車に乗り、同じ階段を上がる。

どうなっていくのだろう？　一年後、五年後、十年後……同じような毎日を送っているのだろうか？　この先の未来が明日の延長だということ、また、この今日があの日から連続した毎日の結果だということ……どちらもあまり実感が湧かない。どんな毎日を過ごしてきたか、記憶として引き出すことはできるけど、それが自分の本当に経験したことなのか、ふとした拍子に自信が無くなる。

いろんな経験をしてきたはずだった。

自分の青春時代を思い返してみる。「『青春』という時代を過ごしてきた」、と思う。そう思っていた。脳裏の写真は、やがて輝きを失い、縮小し、埋没していく。当時は、すべてが輝いていた。目の前にあるものすべてに目を奪われ、わずかな季節の変化に感動していた。そしてそれが当たり前だと思っていた。拘縮していく感性、思考。

目の前の風景に意識を戻す。見慣れたビル群、絶え間ない人通り。今日一日、やるべきことを思い浮かべる。不思議なことに元気が出る。本当に、自分でも不思議なことであるとは思うが、結局、自分は楽しんでいるのだ、この生活を、この毎日を。昔の自分に見られたら笑われてしまうかもしれないけれど。

知った顔を見つけ、声をかける。一日が始まっていく。

対話①

A　美幸さんが六年前につくった「六枚の箱庭の写真」と「六つの物語」を鑑賞して、感想文を書いてきてくださり、本当にありがとうございました。

Bさんは長年、小学校のクラスで、詩を題材にして子どもたちのこころを驚くほど豊かに開かせるユニークな授業を展開されてきました。その文学的感性から、自由に《箱庭ものがたり》を味わって、感じられたことを語ってくださいね。

B　とても興味深かったです。この作者は、中年の男性ですよね。

A　いいえ。実は、作者は二十代前半の女性なのです。今回は、予備知識なしに作品を味わって頂こうと、あえて情報を伝えませんでした。

B　そうだったんですか！　それは驚きです。わたしは、男性だとばかり思って、感想文もそう思って書いてきましたので、今日もそれに従ってお話しさせていただきますね。
ではなぜ、この方は主人公を男性にしたのでしょう？

A　それについては、最後の話し合いの時に訊いていませんでした。訊けばよかったですね。なぜそうしなかったのか……今となっては記憶にないのですが……なにか、訊くことをためらうわたしのこころの動きがあったのだろうと思います。

ストレートに自己像につながらないものを主人公や語り手にするほうが、かえって自由に内界を投影しやすいということはあると思います。たとえばわたしは、家族画よりも、動物家族画が好きです。つくり手にも、「ストレートに自分を出したくない」という気持がはたらいたかもしれませんね。

B　まず箱庭の印象を申し上げます。

箱庭に『自分』が後ろ向きに表現されている。その横に、もう一人の自分であろうか、頭を抱え込んで座っている男性がいる。自分のいる『この場所』は、小さな川で区切られ、面積としても狭く、さらに、ここから先には進めないというように「止まれ」標識がある。五重塔も、やや大きな木も、小さな木も、倒れている。絶望感や諦めたような感じが伝わってくる。動物も横たわっている。このことから、「止まれ」の標識が際立って見える。

『この場所』の外に広がる世界はあるが、人はいない。歴史的建造物であるピラミッドはあるが、人が生きた形跡は感じられない。イルカも陸に上がり、海がないのでどこにも行けない。存在するのは、小さな川と池だけである。ワニとサイと鳥は、小さな亀を追い詰めているようにも見える。キリンだけが、のんびり木の葉を食んでいる。

A　閉塞的な世界ですね。小さな川と池があるので、最小限の癒し、エネルギー源はあるようですが、苦悩する主人公らしい男性像が印象的ですね。

では、物語に移りましょう。

B　物語でも「どこか、遠くへ行きたいと思う。『この場所は自分には合っていないのではないか?』と思いながら、しかし『自分の居場所はここにしかない』『自分はこの場所以外では生きられない』と思う」と語られているので、諦め感がうかがえますね。

「ずっと続けられてきた、同じ毎日が始まる」が、生きているという実感は伴っていないように感じられる。つくり手は、今、自分に自信がもてないのだろうか?　輝いていたはずの青春時代の思い出も、輝きを失っていく。その当時は、季節の変化にも感動していたが、今は感性も思考も拘縮しているようだ。

しかし、見慣れたビルや、絶え間ない人通りに意識を戻すと、今日一日やることを思い浮かべることができ、元気も出てくる。昔思い描いていた未来の自分ではないかもしれないが、この生活を、この毎日を楽しんでいる自分に気づくことができる。

物語を読んで、もう一度箱庭を見ると、頭を抱えていた自分が、立ち上がっているようにも見えます。

A　物語の主人公は、中年期に軸足を置いて、そこから青春を振り返っているようです。美幸さんは、現実には学業生活の最終段階、これから社会人になろうとしている時期であり、青春の真っただなかというよりは、その終わりを意識している面もあるのかもしれませんね。

かつての青春‐今‐将来の中年期という三つの時間がねじり合わさって描かれているのでしょうか。

ものがたり② 空想

自分が望む景色を脳裏に思い浮かべてみる。

そこには、驚くほど青い海、青い空が広がっている。海に浮かぶ船、浜辺に立つ灯台。長閑で平和なその風景を強く望むが、ふと気づく。「自分は、ここに移り住みたいのではない。旅行者として、旅人として数日滞在したいだけだ」と。「自分の帰るべき場所は、この都会の喧騒なのだ」と。

「旅に出よう」……唐突に浮かんだその考えは、ものすごい勢いで頭のなかで形をつくっていく。こんな景色はどこへ行けば得られるだろう。田舎の漁村、貿易港として古くから栄えた港町、あるいは、この海は地中海だろうか。空想と現実が折り合いをつけていく。どこなら行ける？　いつなら行ける？　ここからいちばん近い海は……？

名前を呼ばれて我に返る。

頭のなかの風景は色あせ、平面的なものになってしまった。先ほどまで、そこに吹く風すら感じていたくらいだというのに。邪魔をされたと思う反面、どこかほっとしている。このまま空想を続けていたら、知らない間に席を立って、気づいたときには呆然と海を眺めていたかもしれない。もっとも、そんな経験は今までしたことはないが……。

目の前の状況を把握しようと努める。今は仕事中、依頼された資料を作成していたところだった。名前を呼んだ後輩からの質問に答える。目の前はいつもどおり、無機質だけど、どこか落ち着く感じのする壁のなかだ。人間は沢山いるが、皆それぞれの机や画面に向かい、手を動かしている。自分もその風景に完全に溶け込んでいるのを自覚し、少し安心する。

対話②

B　まず目に飛び込んでくるのは、青い海ですね。

箱庭の壁の青と合わさって、青い海の広がりを感じる。南欧風の赤い屋根や、青い屋根の美しい城が見える。城は、花や緑に囲まれている。海に浮かぶ大きな客船から、リゾート地の様な感じがする。真ん中にそびえ立つ灯台は『ここに在る』という象徴でもあり、航海の道案内でも、目印でもある。灯台があることで、安心感がある。しかし、箱庭の手前の白くて大きな柵は、空想の世界と現実を隔てる柵のように感じられる。

A　たしかに、見たところ西洋のおしゃれなリゾート地のような印象ですね。木製の二艘の小舟が、映像で見るコートダジュールのような場所ではなく、漁村の傍に開発された小さな観光地かもしれないと感じさせますが……砂箱の縁に沿って置かれた一つだけの白い柵は、実用にはなりそうになく、象徴的に二つの世界を隔てる結界のようなものでしょうか？

B　人は、何か思い悩むときや、進むべき道に迷ったときに、海を見たくなることがあると思います。規則正しく波打つリズムは、母親の子宮のなかで聞く鼓動のようでもあり、安心感があります。広い海には包容力も感じられます。美幸さんは、何か思い悩むことや満足できぬ気持を抱いていて、海が見たくなったのでしょうか……。

わたしもそういうときには海が見たくなるのです。箱庭の写真を眺めながら、次のようなふたつの短歌を連想しました。

白鳥は哀しからずや空の青海のあおにも染まずただよふ　（若山牧水）
大といふ字を百あまり砂に書き死ぬことをやめて帰り来たれり　（石川啄木）

A　牧水の歌は知っていましたが、啄木の歌は知りませんでした。啄木にこんな歌があるのですね。啄木の歌集を読んでみたいです。では、物語について……。

B　「自分がここに移り住みたいのではない。旅行者として、旅人として数日滞在したいだけだ」と語られています。

「『旅に出よう』という考えは、ものすごい勢いで形づくられていく」と語られている。ところが、後輩に名前を呼ばれ、我に返ると、空想の邪魔をされたと思う反面、ほっとしている自分にも気づいている。無機質な壁に囲まれているけれど、その風景に溶け込んでいる自分を自覚し、少し安心もしている。

旅に出たい、「何かから逃げ出したい」という思いはあるかもしれないけれど、思い悩むほどのものではないのかもしれません。

A　内的欲求の世界にどっぷり入ってしまうと、取り返しのつかないことになりかねない、という怖さを感じているので、味気ない日常に縛られていることで安定を保っているのかもしれません。平凡な日常は、味気なくてストレスになるけれど、それによって人は守られているということでしょうか……。

ものがたり③　家族

会社では、そんな輪郭のわからないような自分を演じているが、休日、家族と過ごす時間は至高だと思う。妻の買い物に付き合い、子どもと公園に行く。そんな、結婚前は想像もつかなかった、というか、自分がそんなありふれた父親になるなんて御免だと思っていた、ありふれた家族像のなかでの役割がとても愛しく思える。この感覚はとても不思議で、家庭をもって何年も経つが、こんなことが幸せと思える自分にはまだまだ慣れない。

「家族のことは嫁に任せればいい」なんて思っていた時代もあったが、いざ結婚してみると、「いつか子どもが離れていってしまう」ことを想像するだけで、とてつもなく寂しくなり、「今」という瞬間が愛おしく感じられたりする。本当に不思議なものだと思う。

若かった頃に必死になって守っていた「自分」という枠、他人と自分の確固たる境界などというものは、大切なものができていくに伴って、薄れていった。自分一人を守るので精一杯だったあの頃よりも、「守りたいもの、守るべきもの」は増えた。きっとこれからも増えていくだろう。そして、今になってやっと、自分を育ててくれた両親の気持にも寄り添うことができはじめている。自分が入学したとき、熱を出したとき、こんな気持だったのかと、

自分の子どもを通して両親の気持を想像できるようになった。これも信じられない、不思議なことだと常々思っているのだけれど。

目の前には、はしゃぐ子どもたちの笑顔、未熟で不規則な足音。こんなにも天気の良い麗らかな日、あっという間に過ぎてしまうこの時間を

思う存分大切にしたいと、空を見上げ、目を細める。

対話③

B　箱庭に直角に曲がる小川がありますが、左端で土につながっているので、世界が分断されている感じはしません。第②回で使われていた柵も、子どもを守る公園の柵のように感じられます。

　木々は多く、明るい色の木も多い。家の前では子どもが遊んでいて、父親と思われる人は小さな子どもを肩車している。母親と思われる人は家の前に立って、今から買い物をしそうな感じがする。公園には花も植えられていて、子どもが遊んでいる。公園のベンチの横で寝転んでいる人もいる。ランドセルを背負った少女は、川が途切れたところで右に曲がり、家に帰っていく途中ではないだろうか。温かく平和な感じがする。

A　直角に曲がる川は、自然の川というより、堀割のような感じですね。子どものための公園がつくられているのでしょうか。でも、二つの世界がはっきりと分割されているわけではなく、自由に行き来ができるのですね。子どもたちも父母もいる、放課後の、のんびりした平和なひと時が表現されているようですね。

B　物語では、会社での自分と、休日に家族と過ごす自分との違いが語られています。青春時代には、ありふれた家族のありふれた父親になるなんて想像もしていなかったのでしょう。

ものがたり①で語られているように、「昔の自分に見られたら笑われてしまうかもしれない」と思いつつ、今の生活を楽しんでおり、幸せだと思えている。ものがたり①では、移り変わる季節に感動できなくなったと書いていたが、物語③では「天気の良い麗らかな日」を感じることもできている。

「自分ひとりを守るので精一杯だったあの頃よりも、『守りたいもの、守るべきもの』が増えた」ことにより、自分の両親の気持にも寄り添うことができ始めている。会社では、会社での自分を演じなければいけないが、「守りたいもの」がある充実した家庭生活が、つくり手を支えていると感じられる。

ものがたり④　列車

雑務に追われる日々が続いていたが、久しぶりに連休が取れた。最近は、やはり疲れた顔をしていたらしい。「旅行にでも行こう」と、家族が提案してくれた。特に断る理由もなく誘いに乗ったが、いざ日程が近づいてくると、とても待ち遠しくて旅のことばかり考えている自分に気がついた。いつかのように空想の風景ではなく、今回はとても鮮やかで立体的な風景が脳裏に広がっている。子どものはしゃぎ声までもが、耳元で再生されるような気がした。

あっという間に、旅立つ日がやって来た。場所は温泉もあり、自然豊かな高地。自分が幼い頃よく家族で出かけた場所だ。家族旅行と言えばこの場所だったと、昔を思い出す。自分は同じだけの思い出を子どもたちにつくってやれているか、と不安に思いながら……。

電車が山の奥へと進んでいく。周りを囲むのは、大きく構える山、果てしない谷。普段は見ることができないような植物も増えていくなか、どこか懐かしい気分になる。子どもたちは見るもののすべてが珍しいようで、座席から身を乗り出して窓の景色を見ている。ずいぶんと見える景色も電車に乗った頃とは変わってきた。駅でドアを開閉するときに入ってくる風も、ひんやりとしてきた。

こうして空気が高地の空気に変わっていくにつれて、都会を離れていく実感が大きくなる。幼い頃は、家族に「行きたい」と言うことすら憚られるくらい、この場所は遠い場所だと思っていた。いつしか自分の力でここまで辿りつけるようになっていたが、当時、とても長く感じた移動時間や旅先でのほんの数日間は、今の自分にはほんの一瞬だろうと思うと、少し複雑な気分になる。

景色が開け、民家や宿泊施設が増えてきた。子どもたちは、相変わらず外を眺め、珍しい建築様式の美術館、昔ながらの民家などを指差して楽しんでいる。どうやって家族を楽しませてやろうかと考えている。そして、それを考えるのがとても楽しい。電車がゆっくりと目的の駅に停まる。

対話④

B　手前に舟が二艘、見えます。海の入江か湖かもしれませんね。

列車は力強く走っている。大きな寺か神社や、大きな建物の他に、いくつかの民家も点在する。この場所も、旅行先のようである。家々の周りには小さな木が、大きな建物の近くには大きな木が配置され、安定感がある。おだやかな田舎町のような感じもする。

A　右から左上の方向に列車が進んでいきます。内的な憧れを探し求める旅の始まりのような感じがします。左下隅の舟は、第②回にも登場した木製の小舟ですね。現代的な列車に比べて、昔ながらの木の舟です。美幸さんはこの舟にこころ惹かれるものがあるのでしょうか。

線路の脇には、これまでの白い柵ではない別の柵が並べられ、線路によって二つの世界に分けられているようにも見えます。列車は、海の見える場所を離れて「山の奥」へと進んでいきます。主人公と家族は、この列車に乗っていて、窓から風景を眺めているわけですね。

B　物語では、「仕事に追われ疲れた顔をしていた自分を、家族が旅行に誘ってくれた」とあります。

旅行の日程が近づいてくると、旅のことばかり考えるようになっている。鮮やかに脳裏に広がったのは、自分が子どもだった時に家族とよく出かけた場所だった。列車の中では、子どもたちが身を乗り出して景色を見ている。ドアが開閉するときの風もひんやりと感じられる。空気の冷気で、都会（会社）から離れていくことを実感している。

そして、この旅は、自分の疲れを癒すために家族が提案してくれたものだが、自分が子どもの頃にこの場所で楽しく過ごしたように、今度は自分が家族をどう楽しませようかと考えている。「電車がゆっくりと目的の駅に停まる」から、この旅がつくり手にとっても家族にとっても癒しの旅になることを予想させる。

A　この旅は、子ども時代の自分に立ち戻っていく旅のようですね。幸せだった子ども時代の思い出と向き合い始めているのでしょうか。

そのきっかけをつくってくれたのは、現在の自分の家族です。現家族と原家族。このふたつの重要なこころの拠りどころがクロスしている印象です。楽しかった原家族との思い出がよみがえりながら、同時に、自分が現家族を「どう楽しませようか」と考えている美幸さんです。常に自分よりも他者を気遣い、世話役をせずにはいられない傾向もあるのでしょうか。

B　列車のドアから入ってくる風から高地の空気の変化を感じとるなど、美幸さんは五感の鋭い人、感覚の鋭敏な人のようですね。

ものがたり⑤　記憶

目的地に着いた。気が遠くなるほど懐かしい風景が広がる。少しずつ変わっているところはあるものの、空気はあの頃と変わっていない。旅館に着き、休憩する家族を残して、一人で散歩でもしようと外へ出てきた。最後に来たのはいつかわからないほどの昔であり、思い出すこともなかったが、この道を歩けばどんな景色が待っているか、この道はどこにつながっているのかなどという、身体に刻み込まれた記憶が、あっという間によみがえる。

幼い頃はこんな旅先でも簡単に友達ができたと思い出す。人見知りも

まったくしなかったあの頃。旅館で隣の部屋だった少年や森のなかで出会った少女と、自己紹介もそこそこに、はしゃぎあった。

歩いているうちに、小さな小屋を見つけた。建てられてからずいぶんと年月は経っているようだが、幼い頃の記憶の映像にはこの小屋は存在しない。この辺りは、よく遊んだ場所なので、記憶が違っているなんてことはないと思うのだが。不思議に思い、小屋に近づく。倉庫のようでもあり、誰か世捨て人が住んでいるようでもあり、不思議な感覚がして胸がざわめく。

ちょうど目の高さのあたりに小窓を見つけた。一瞬、逡巡したが、好奇心に負けて覗いてしまう。絵が見える。一組の男女が生まれたときから共に歩むようになるまで、結婚するまでの成長や出会いを描いた絵だ。額に飾られ、色鮮やかなまま壁にかけられているその絵に目が釘付けになる。何かを思い出せそうで思い出せない。頭の奥がじんじんと疼いている。「この絵を見続けていてはいけない」……と、本能的に小屋から離れた。それからどうやって宿に戻ったかは覚えていない。気づいたのは、「夕食の時間」と家族に声をかけられたときだった。

対話⑤

B　手前に三角形に置かれた木々から安定感が感じられ、全体から温かい感じを受けますね。

左側は、つくり手の子どものときから結婚するまでの歴史を、右側は、妻の歴史を表現していると思う。別々の道を歩いてきた二人が抱擁しているところでひとつになり、結婚式の先には二人の子どもがいて、未来を表している。アヒルの親子や、右側に置かれた花など、ほっとするような温かさを感じる。今の生活に充実感を感じているようである。

A　シリーズのピークを思わせる華やかな作品です。別の場所で生まれた男女それぞれが成長し、出会い、結婚して新しい家庭をつくり、子どもを持つ。まさにライフヒストリーを視覚化したような印象ですね。成長過程の男女の像は、すべて後ろ姿ですが。

B　ところが物語は、箱庭⑤と関係のない話から始まる。なぜでしょう?

物語は、物語④の続きのようである。目的地には「気が遠くなるほど懐かしい風景が広がる」とのこと。身体に刻み込まれたような記憶であり、『原風景』と言えるようなものであろうか。「幼いころはこんな旅先でも簡単に友達ができた」とあるが、思春期以降、成人になるにつれ、人見知りをするようになり、友だちができにくかったのかもしれない。森のなかで出会ったという少女は、今の妻かもしれない。

ひとりで散歩していて、不思議な小屋にたどり着く。小窓から中を覗いてみると、一枚の絵が目につく。それが箱庭⑤の「一組の男女が生まれた時から共に歩むようになるまで、結婚するまでの成長や出会いを描いた絵」だった。

なぜ「この絵を見続けていてはいけない」と思ったのでしょう？　頭の奥がじんじんと疼くような感じを受けている。「現実には、この甘美な思い出の状況のまま留まっていることはできない」ということを、本能的に感じたのでしょうか……。そして、夕食を告げる家族に声を掛けられ、現実に戻っています。

A　箱庭⑤は、幸せそうな大団円に見えますが、そう単純ではなかったのですね。これは、旅先の「不思議な小屋」の壁に飾られている「絵」の内容なのです。この旅先は、子どもの頃に家族と訪れた懐かしい場所なのですが、この小屋だけは記憶にないようです。

「何かを思い出せそうで思い出せない。頭の奥がじんじんと疼いている。『この絵を見続けていてはいけないと』、本能的に小屋から離れた」とのこと。

もしこの絵が、もっと不気味で恐ろしそうな絵や見るからに神秘的な絵であれば、すんなりと納得できるのですが、この絵は、一見、華やかで幸せそうに見える絵です。なぜ、この絵からこれほど強いインパクトを受けたのか、興味を覚えずにはいられません。

そして、そんな美幸さんを現実に引き戻してくれたのは、夕食を告げる家族の声でした。自分の内界に迷い込むと出口がわからなくなりそうな美幸さんを、現実に引き戻してくれるのが、常に家族であったり職場の同僚（関係の深さは異なるにせよ）であったりする点は、注目に値します。そういう日常の人間関係が、安全装置になっているのでしょうね。

ものがたり⑥　希望

ずいぶんと眠っていたのか、頭がぼんやりと重い。
あの小屋のことは、喉の奥に挟まった小骨のように不快な余韻を残している。それを隠しながら家族とふれあい、子どもたちが疲れ果てて眠りについたのと同時に、わたしも眠りについた。

ふわふわと浮遊しているような感覚におそわれる。立ち尽くしている自分のいるこの世界が夢だと自覚する。周りはたくさんの動物たちに囲まれ、彼らは、次々とわたしに話しかけてくる――『思い出した??』『今は幸せ?』……。何か言葉を発しようとするが、声が出ない。

遠くのほうからゆっくりと少女が歩いてくる。『これが、あなたの望んだ姿……』、そう言って彼女はふわりと微笑む。『あの日、あの小屋でこの理想の未来を語ったのはあなた。そして、その絵を描いたのはわたし。わたしの描く絵は未来を映し、それは現実となる』。

少しずつ記憶が思い起こされる。昔、よくここに来ていたのは家族旅行ではなかった。この場所に来るときは父親と二人のみで、宿に着くと父親はいつも自分を残して姿を消していた。そのときに父親が何をしていたのか定かではないが、一度だけ、『この森には未来を描く少女がいる』と話しているのを聞いたことはある。母親との関係や仕事が不安定だった時期に、いつもここに来ていたのだ。

父の様子を見る限り、おそらく彼は少女には会えなかった。手がかりすらつかめていなかったのだと思う。皮肉なことに、その少女に会えたのはわたしだった。森のなかで遊んでいるうちに、見たことのないところへ来ていた。泣きながら帰り道を探すわたしに、動物たちが語りかけてくる。その中心に彼女は居た。

『あなたの希望を見せて』と、ゆっくり彼女は言った。未来はすらすらと口から出てきた。それを話すことにためらいも無かった。内容は覚えていないが、おそらくこの絵のとおりなのだろう。自分の未来は決められていたのだ、弱く幼い自分によって。今までの現実味の無い生活はこの所為かとも思ったが、まあ悪くない「今」なんじゃないかと、ニヤリともしたくなる。

夢が覚めるのだろう、そんな感覚があり、周りに白い靄がかかり始める。立っている自分の身体が重さをなくし、自分で操ることができなくなり、ストンと落ちるような感じがして、目が覚めた。
自分が本当に小さい頃からこの人たちを望んでいたなんて……家族と顔を合わせるのが何やら恥ずかしくもあるが、そんなことを感じ取られるわけにもいかない。『今日も、明日も、行くところはたくさんあるぞ』と、子どもたちを無理やりたたき起こしてやった。この子どもたちには、どんな希望が見えているのだろうと想像しながら……。

対話⑥

B　これまでのものとは違い、寂しい感じがします。
真ん中の焚火のオレンジ色が印象的だ。木は周りに配置され、左上の海は小さい。焚火の右上に子どもが二人。右下の緑色の服と赤いスカートをはいた女性は、つくり手の妻であろうか。その横にも子どもがいる。その後ろの子どもを抱いた男性がつくり手だろうか。右上の大きな鳥は、自由に空を飛べ、未来を表しているように感じられる。

A　どこか、箱庭①を思い出させますね。左上隅の小さな海は、イルカが陸に上がろうとしているので、海なんでしょうが、アヒルの親子もいるので、池のようでもあり、箱庭①の小さな池（?）を思い出させます。箱庭①の陸上にいるイルカとは別のイルカですが、このイルカも陸に上がろうとしているように見えます。なぜ、イルカは陸を目指すのでしょうか。

そして、箱庭①の池の近くにいた大きな鳥も再び登場しています。どこからか飛んできて、この世界を見ているようにも思えます。

真ん中で燃えるオレンジ色の焚火は、生きるエネルギー源を思わせ、その周りの人物像も犬や猫も、普通の家族というか、人間のいる世界の温かみを感じさせ、箱庭①の二人の男性像とは明らかに変化している印象です。

でも人間たちは、犬や猫ほど焚火には近づいておらず、遠巻きに見ている感じですね。

物語では、箱庭④の風景は家族旅行ではなく父親とつくり手の二人だけで来た場所だった、と気づく。あの絵は、つくり手の未来を表すものだったが、父親と母親の未来ではなかった。「父親は母親との関係や仕事が不安定だった時期に、いつもここに来ていたのだ」とあるように、父親は家庭からも仕事からも満足を得られず、不安定な状態に置かれていたのかもしれない。その記憶がこころの奥底に残っていたから、物語⑤で「この絵を見続けていてはいけない」と、頭が疼くような痛みを伴いながら思ったのかもしれない。

しかし、あの絵は自分の未来だった。父親の苦悩を受け止めることなどできるはずもない幼い自分によって、自分の未来（すなわち現在）は決められていたと感じている。

「まあ悪くない『今』なんじゃないかと、ニヤリともしたくなる」とあるように、今、幸せだと感じている自分に気づくことができている。自分の父親は、家族について、特に妻である母親との関係に悩んでいたのかもしれない。家庭が安住の場ではなかったのかもしれない。自分は、幼な過ぎて、父親の不安をどこかで感じながらも、何もできなかった。

しかし、今の自分は「自分が本当に小さい頃からこの人たちを望んでいたなんて……」と感じている。「子どもたちには、どんな希望が見えているのだろうか」と、想像もしている。

A　ここにきて、父親のことが大きくクローズアップされていますね。わたしはふと、箱庭①の後ろ向きの男性像、頭を抱え込んでいる男性像は、この父親のイメージが投影されているのではないかと感じました。この物語⑥は「夢だと自覚する」世界の出来事として、フィルターがかけられているようです。それだけ、重みが感じられます。

家族旅行ではなく、父親と二人だけの旅行。宿に着くと、父親はいつも自分を残して姿を消してしまう。謎の多い父親のようですが、美幸さんだけを連れて旅行に出かけるなど、父子関係が濃いこともうかがえます。美幸さんは、この謎の多い悩める父と結びつきながらも、父親の出会えなかった森のなかにいる「未来を描く少女」と出会い、父親とは違う家族との幸せを手に入れたように見えます。

父親が築けなかった家族との幸せを、美幸さんは手に入れることができた。しかし、美幸さんの父親への想いは、単に否定的なものではなく、どこか、哀惜の情の様なものが感じられます。過去のこととして整理されている感じではありません。

箱庭と物語の主人公は中年男性なのに、こんな感想は勝手な深読みかもしれませんが、わたしは、自分が以前から注目してきた「永遠の少年」の娘のテーマを連想せざるを得ませんでした。

美幸さんにとって原家族の問題は根が深いかもしれませんが、結婚して新しい家族をつくり、子どもを育てる。そこにこころの癒しや生きがいを得ようとするテーマが、美幸さんの《箱庭ものがたり》には繰り返し現れているように思えます。それは、新しい人生への出立の意志を紡いでいる過程なのかもしれませんね。

B　美幸さん（ここまでの感想はつくり手を「中年の男性」と思い込んで書いていましたが）の作

品を味わった感想です。

《箱庭ものがたり》は、自分のこころの奥底に眠っていた、あるいは押し込められていた記憶を、目で見える視覚だけでなく、風や空気の触覚、不規則な足音のような聴覚、もしかしたら嗅覚も、五感を使って作成されるものなのかもしれないと思いました。また、それを物語として語るなかで、さらにはっきりとしたものになっていき、自分自身を見つめ直し、希望をもたせるような効果があるのではないかと考えています。

わたしにとって今回は《箱庭ものがたり》というものに触れる初めての機会でしたが、とても興味深い体験でした。いつか自分でもつくってみたいと思います。

A　熱心にお付き合いいただき、本当にありがとうございました。
わたしたちなりの「読み解き」を試みたわけですが、まだまだ感じ取れていないこと、深められていないことがたくさんあると思います。人によって、もっともっと違う味わい方があり、「読み解き」があるはずです。正解がひとつ、というような類のものではありませんので、読者の皆様がそれぞれに深めていただければ幸いです。

おわりに

《箱庭ものがたり》をどのように味わい、理解するか、これは重要な課題です。本章では箱庭の写真と物語のコピーを素材として、「対話」を通して試みました。

一人で考えることも、もちろん大切ですが、「対話」によって連想が膨らみ、新たな気づきを得られることもあると実感されました。

《箱庭ものがたり》には、つくり手はもとより、それを眺め、味わう者にとっても、内界への小さな旅の可能性が潜んでいます。今後もさまざまな試みが積み上げられることを期待したいと思います。

菅　佐和子
近藤　恵子
岡部世里佳
大黒　麻木
佐藤可南子

おしまいの章

箱庭ものがたり物語

周知のように、わが国における箱庭療法の歴史は、河合隼雄先生の『箱庭療法入門』[01]に始まったといえよう。その当時の経緯については、山中康裕氏[02]による興味深い記述が注目される。

東山紘久氏[03]は「わたしは、河合隼雄先生が箱庭療法を日本に紹介されたときに、直接指導を受けた一人である」として、「箱庭療法に魅了され」「箱庭療法をさかんに用いようとした」「遊戯療法のセラピストの訓練にも、遊戯療法の訓練にはロールプレイが使えないこともあって、箱庭を訓練に使ったものである」と述懐している。

ところが、東山氏はその後、「箱庭療法を訓練に使うのを避けるようになった」という。その理由は、東山氏の見守りのなかで箱庭を置いた被訓練者たちに、その直後から心身の症状や不穏な行動化が続出したためであるという。

そこで氏は、「箱庭療法は箱庭に枠があるから安全である、といわれている。［中略］どうして、クライエントが簡単にこの枠を超えてしまうのかがわたしにはわからなかった。わたしの何かとクライエントの何かが、枠を超えさせるのかもしれない。〔中略〕わたしは、箱庭療法から距離を置くことにした。この間、箱庭療法をコントロールする方法をたえず模索していたのも事実である」と、箱庭といったん距離を置きながら、「枠を超えない」方法を模索したと述べている。これは、箱庭づくりを見守る訓練者（治療者、分析家）の無意識レベルでの影響力の重大さを痛感させられる記述である。

箱庭セラピストの訓練において「枠を超えない」方法を模索した氏は、やがて「箱庭で置かれた世界をもういちど言語やイメージで伝えなおす時間的空間的場が与えられると、イメージそのものが現実に流れ出すのをコントロールできることがわかった」という。

また、訓練とは別に、箱庭療法による教育分析の方法としては、前述の三木氏から「箱庭を置いた後、クライエントにその箱庭に置かれたものをすべて含む物語を書かせるやり方」を紹介され、それを「サンドドラマ法」と名づけて用いることにしたという。自身の被分析体験からこの技法を生み出した三木氏は、その後、教育分析をおこなう側としてこの技法を用いていたのであろう。

東山氏は、一人のスーパーバイジーに対して、サンドドラマ法による教育分析をおこなった約二年半、全十一回の過程を報告している。各回のサンドドラマに対して、「セラピストの印象とコメント」が記載されており、読者の理解を助ける仕組となっている。これは、次に取り上げる岡田氏の場合も同様であり、本技法を理解するためには、やはり事例研究が不可欠であることをうかがわせるものである。

東山氏と同じく、河合隼雄先生から直接に箱庭療法を学び、その後、箱庭療法のセラピスト、指導者、研究者としての歩みを続けてきた岡田康伸氏[04]は、この技法を、従来の個人が継続するかたちの他に、グループワークとしておこなうことを試みた。その方法は、次のようなものである。

まず各自が見守りのもとで箱庭作品をつくる体験をして後、グループのあるメンバーがつくった作品をプロジェクターで映写し、制作者が使用された玩具の説明をする。その作品を見ながら、各メンバーが物語をつくる。物語を小グループで発表し合い、お互いにコメントし合って話し合う。その結果は、「問題点は多々あるにしろ、各メンバーは何らかの刺激をお互いに受け、イメージを拡大し、自分の特徴を把握することに役立ったのではないか」と総括されている。

また岡田氏は、一人のスーパーバイジーに対する一年間、全十二回の本技法を用いた面接の過程を報告している。各回に「わたしの思いと解説」が記載されており、読者の理解を助ける仕組となっている。

なお、岡田氏は、日本心理臨床学会の学会賞受賞講演「箱庭療法とファンタジーグループ」[05]において、個人が継続しておこなう形でのこの技法について「当時、月一回しか箱庭療法の訓練に来談できない人もいたので、次回までに物語をつくってきてもらうようにした」「この技法は、箱庭による無意識の動きを、いささか早く意識化してしまうような面がある」という意味のことを述べている（これは逐語録ではなく、講演を聴いていたわたしの記憶によるものである）。

ものがたり研究

新しい技法の有効性や限界を確認し、実用に供するかたちにまで洗練するためには、当然のことながら基礎的なデータの蓄積が必要である。東山氏の門下生である片坐慶子氏[06]と安福純子氏[07]はそれぞれ、多数例のサンドプレイ-ドラマを収集して検討している。

片坐氏は、ボランティアの大学生二二名を被験者として「基本的には月一回一時間の個別面接を十回程度おこなうよう設定した。初回面接時に被験者は箱庭作品をつくり、面接者がポラロイド写真に撮る。それを被験者に渡し「ここに使ったものを全部入れてお話をつくってください」と教示。二回目からは上記に加えて、つくってきたドラマを音読してもらうという手順である。

来談回数にばらつきのある二二人の被験者によって作成された箱庭作品は合計一六三、ドラマは合計一三三に上っている。片坐氏は「サンドプレイにドラマをつけるという課題は被験者たちにほぼ受け入れられたと言ってよい」と述べている。そして、「被験者たちがドラマとどういうふうに取り組み、利用していたか、ドラマはどんな役割を果たしていたのか」について検討し、「ドラマは、サンドプレイによって表出された無意識の圧力から制作者自身を護るための安全装置、サンドプレイの内容を意識へとすくいあげ、位置づけ、形つくった結晶、来た道を見直し、次に進む道を示す道標となるとともに、面接者への伝達の役割も担っていた。また、ドラマが書かれなかったり、提出されなかったりした時は、そのこと自体に注目すべきである」と総括している。

この試みは、一年三ヵ月という時間をかけ、各被験者に一回きりではなく継続的に箱庭づくりと物語作成の機会を提供するという大がかりなものであり、貴重な基礎的研究とみなせよう。

さらに片坐氏[08]は、上述の二二名のうちの一名であった大学生女子の一年間、全十一回の面接過程を詳しく報告している。ここにも事例研究の重視をうかがうことができる。わたしが本技法に関心をもつきっかけとなった学会発表は、この事例である。片坐氏は考察において、本田和子氏[09]が絵本の言葉について「ことばは、世界の枠組みを決定し、結果として限定的に機能することにもなる。しかし、そのゆえに、そこを起点として、より広く深い世界への門が開かれ、作品世界を四次元的に展開させることが可能となるのである」と述べているのを引用し、「それと同様なことが箱庭とドラマの間でも起こっていたようである。箱庭に言葉は必ずしも必要ではないが、言葉があるとより分かりやすくなり、深みを持ってくる」「ここでいう言葉とはいわゆる解釈的な言葉とは違い、物語的な言葉である」と総括している。

安福氏[10]は、大学生二七名を被験者として、一回限りの箱庭づくりと、それをもとにしたドラマ作りを施行した。ドラマ作りの教示は、「この箱庭作品をもとに、お話をつくってください。お話の長さは自由です」というものである。ここでは、使用した物をすべて使うようにとの教示はなされていない。

作成されたドラマには、使用された現具をすべて入れたものと入れていないものの両方があった。その差異については、「言及されていない物は、動物、物陰にある物、疑似人間、空白部分、その他（無生物）であり、箱庭の中で異質な感じを与えている傾向にあった。いずれも左領域のことが多いことからも、これらは無意識的な要素と考えられる」と述べられている。この研究は、これまでの、すべての使用物に言及して物語をつくらせるという方法とは異なる道を拓いたところに意義があると考えられる（ちなみに片坐氏・安福氏は東山氏より本技法を学んだ門下生であるが、東山氏の命名した「サンドドラマ法」という名称は用いず、「サンドプレイ－ドラマ法」「サンドプレイ－ドラマ」という名称を用いている）。

●研究ものがたり

片坐氏、安福氏の基礎的研究から二十年以上の後、長谷川千紘氏[11]は、「箱庭物語作り法について、その可能性と限界をも含めて、再度考察する」ことを目的として、二四名の大学生・大学院生を被験者として、二回ずつの面接を実施した。一回目には、箱庭づくりと、制作時に抱いた「物語（＃1）の記述、自由記述質問紙1への記入と、それに基づくインタビュー。一週間後の二回目には、写真を見ながら箱庭について振り返り、「物語（＃2）」の記述、自由記述質問紙2への記入と、それに基づくインタビューである。

分析対象は、二回目の面接で収集された「物語作成体験に関する自由記述」四項目と、それに基づくインタビュー記録である。それらの言語記録を、修正版グラウンデッド・セオリー・アプローチ（M-GTA）によって分析し、「物語の作用として、(1)箱庭のイメージを追求し拡大することにつながりうる一方、(2)捨象したりずれたりすることで、箱庭のイメージからずれる可能性があること、(3)そもそも物語という形式に箱庭のイメージが合わない場合があることという三点を見出した」と述べている。

この研究の特徴は、物語作成過程の諸相をM-GTAという質的研究のための分析ツールを用いて解明しようとしているところである。質的研究へのGTAやM-GTA、KJ法などの導入は近年の動向であり、如実に時代の流れを感じさせる。仮に、得られた結果が先人の直観的な理解を超えるものでなかったとしても、そのような一定の手順を踏んでの分析が、研究の方法論として要求される時代になったということであろうか。

引き続いて長谷川氏は、二四名のうちの三名について事例的に検討した。そして、最終的な考察として「物語づくりは箱庭の体験を大きく変質せしめるものである。物語によるイメージの明確化は、外的現実とのつながりや洞察を促す契機となりうるけれど、こうした現実レベルでのリアリティや意味の獲得の影には、表裏一体をなして、内的な体験レベルでのリアリティの喪失が潜んでいるのではないだろうか」との危惧を表明している。物語づくりの功罪に関するこのような指摘は見落とされてはならないところであろう。

大前玲子氏[12]は、東山氏のサンドドラマ法を援用し、そこに認知療法からのヒントを加味して、「箱庭による認知物語療法」を提唱している。ここでも七名の事例研究が詳述されている。氏は、この技法を「認知療法の不足している面を補完」し、「箱庭療法の発展としても考えられる」と述べているが、「しかし、この研究は始まったばかりであるので、まだまだ乗り越えなければならない課題は多々ある」としている。箱庭療法と認知療法というういわば対極にあるかのように見える技法の組み合わせは、大胆な試みと考えられ、今後の多角的な検討が待たれるところである。

●クライエントのものがたり

おもにセラピストの教育・訓練のために用いられてきた箱庭‐物語法を、臨床事例に適用した事例研究論文も、服部良子氏[13]、森範行氏[14]らによって報告されている。

森氏は、「付加された物語作りはクライエントに新たなる負荷を与える。したがってこの方法を実際のクライエントに適用するにはいくつかの条件がある」と述べている。その条件とは、「第一に知的に低くないこと、第二にイメージを広げることが好きであること、第三に書くことが好きであること」であるという。

また、服部氏の事例研究を紹介した杉岡津岐子氏[15]は、「箱庭を用いて物語をつくらせることは、箱庭の本来持っているイメージを介しての治癒ということからは離れてくるが、心理療法家の感受性やイメージ力、深い理解、自己洞察のための訓練として、また、比較的自我の強いクライエントの自己洞察には、有効であると言えるであろう」と総括している。森氏・杉岡氏のこれらの指摘は、きわめて妥当なものであるとみなせよう。

以上、本技法に関する先行研究を概観してきた。次に、わたし自身の試みについて報告したい。

●これからの箱庭ものがたり

前述のように、片坐氏の学会発表の場に同席したことでこの技法を知り、こころを惹かれたわたしは、自分なりにこの技法に取り組んでみたいと考えた。なぜこころを惹かれたのかは、理屈では説明できないが、わたし自身が子どものころから言語による物語（文芸作品）が好きであったこと、箱庭療法を知って無意識レベルのイメージ表現に関心をもったこと、このふたつの要素が自然に合体したからであろう。しかし、わたしは教育分析家ではないので、とりあえずは、この技法についてわたしと同じように素朴な関心を示してくれたクライエントではない人々を「研究協力者」として、「自己探求の一試み」と位置づけて少しずつ事例を集めてみることにした。

人生のなかでさまざまな節目・転機あるいは自身の内的課題に気づいたとき、あるいは何事も思うにまかせない停滞期などが訪れたときなど、人は「もっと自分の本当の気持を掘り下げてみたい」「自分の閉塞感を打ち破り、新たな可能性を見出すヒントを見つけたい」といった思いを抱くことがある。そのようなときには、意識レベルだけでなく、無意識レベルにも目を向けてみることが望まれるが、それには、何らかの媒体が必要である。箱庭はそのための格好の媒体のひとつであり、物語づくりを組み合わせることで、箱庭づくりを通して浮かび上がってきたイメージの世界が意識化されやすくなり、自己洞察につながることが期待された。

しかし、実際に導入してみると、箱庭をつくることを楽しみ、継続することはできても、物語づくりを継続できる人ばかりではないことがわかった。そのような人に無理にこの技法を適用する必要はあるまい。もちろん、箱庭づくりよりも言語による自己表現を好む人に箱庭療法を強いる必要もないであろう。『自分にフィットしている』と感じる人にだけこの技法を適用すればよいのではないか。また、自分がつくる立場に立った場合を想像すると、「置かれた玩具をすべて用いた物語」をつくるのはいささか窮屈で重荷に感じられたので、その教示は踏襲しないことにした。なお箱庭づくりの時間は、原則として制限していない。また、本来の箱庭療法には、期間設定はそぐわないと考えられるが、「健常者の自己探求を助ける試み」として位置づけていたため、とりあえずの目安として、社会的習慣としてもなじみ深い三ヵ月を一クールとし、二週間に一度の面接を計六回＋一回おこなうように設定した。本人の希望があれば、二クール、三クールへの延長や再開は可能である。間隔を二週間としたのは、物語をつくるのに一週間ではいささか気忙しく、一ヵ月では間が空きすぎるような気がしたからである。

各面接時には、箱庭づくりのみをおこない、その写真を持ち帰ってもらい、次回に物語を紙に書いて持参してもらうことにした。物語を書いた紙は、受け取るだけで、その場では話題にせず、第七回に、すべての箱庭写真と物語を書いた紙を前にした半構造化面接（約一時間）を施行、制作者のこころの動きや感想を語ってもらうことにした。なお、開始前に、わたしの目的、結果の公表の許可、中断や期間の延長等は制作者の自由であることなどを伝えて、同意を得ている。もちろん、万一、この期間内に深刻な心理的動揺や不調が生じた場合の対応についても配慮していたが、幸いそのような事態は一度も生じなかった。

このような期間・回数の設定は、明確な根拠によるものではなく、わたしの主観的な判断によるものであり、今後、事例を積み重ねていくなかでさらなる検討が望まれよう。

ただしわたしは、この試みを集中的・重点的におこなっていたわけではなく、協力者が得られたときに単発的に試みていたので、試みた全体数も十例に満たない。

このように、まことに遅々とした歩みであったが、この技法への関心を失ったことはなく、同好の士というべき共同研究者たちと共に、改めてこの技法の安全かつ有効な活用法を探っていきたいと考えた。本稿に取り上げた先人たちは、それぞれの学び、臨床体験、そして各自の「個性」に基づいて研究してきたと思われる。そのなかで共通しているのは、やはり事例研究の尊重であり、わたしたちも、まずは多様な事例の集積と検討を目指したいと考えた次第である。

●ものがたりに惹かれて

どこまでも箱庭療法を大切にする立場から見れば、物語づくりを加えるのは、必ずしも望ましいことではないのかもしれない。それを十分に念頭に置きながらも、物語づくりを加えることにこころ惹かれるのは、なぜだろう? それは、絵と文章の組み合わせである絵本の魅力にも通じるものであるのかもしれない。絵本は、画集とも詩集や童話集とも異なる、独自のジャンルとして存在している。

《箱庭ものがたり》については、本来の箱庭療法との比較からその意義や限界を云々するだけではなく、近縁ではあっても別種の技法として、実践的な活用法が開発・確立されることを期待したい。

菅 佐和子

あとがき

本書は、わたしがこころ惹かれてやまない〈箱庭‐物語法〉を、もっと広く、気軽に活用していただく道を拓きたいという思いで、研究協力者を募り、少しずつ事例を積み上げてつくったものです。

三ヵ月間に六回という時間・回数の制限を設けたことには、当然、批判が出るかもしれないと予想しつつも、それでも、この試みをひとつの「叩き台」として、本法の活用に向けてさらに適切な方法が編み出されていけば、それにまさる幸せはないと考えております。

もし、箱庭セットが備えられている部屋がありましたら、同好の士を募り、試みていただければと存じます。その際、こころの護りとしての「見守り手」の存在の大切さは言うまでもないことです。もしかしたら、この技法を介在させることで、「つくり手」と「見守り手」のあいだの関係性にもあらたな光が差し込むこともあるかもしれません。人の内界に触れる可能性と危険性を熟知されている方々に、この技法にあらためて目を向けていただければ、本書の目的は達成されたことになると考えております。

この技法を考案された先達の先生方、その後の検証をおこなわれた先生方、ご多忙にもかかわらず快く序文を寄せてくださった岡田康伸先生、そして本書の共同執筆者・研究協力者の皆様に、こころより感謝いたします。

最後になりますが、この本の出版の道を拓いてくださった株式会社〈木立の文庫〉代表取締役・津田敏之氏のご尽力に、深謝いたします。

二〇一九年　酷暑の夏の終わりに

菅佐和子

第五章　わたしという物語
東山紘久 (1994).『箱庭療法の世界』誠信書房.
河合隼雄 (1969).『箱庭療法入門』誠信書房.
小森國寿・菅 佐和子 (2014).「『箱庭-物語(サンドプレイ-ドラマ)法』を喪の仕事に役立てるための一試み」ヒューマン・ケア研究 15(1), 22-33.
三木アヤ (1992).『増補・自己への道 ── 箱庭療法による内的訓育』黎明書房.
中垣ますみ・菅 佐和子 (2016).「『箱庭-物語法(サンドプレイ-ドラマ法)』による自己探求の試み1 ── 成人男性の事例を通して」京都橘大学心理臨床センター紀要: 心理相談研究 2, 69-76.
菅 佐和子 (2003).「サンドプレイ-ドラマ法を用いた自己探求の一試み ── 現代日本女性の攻撃性と母娘関係について」京都大学医療技術短期大学部紀要 23, 13-22.
菅 佐和子 (2016).「『箱庭-物語法(サンドプレイ-ドラマ法)』の起源と展開過程を辿る」京都橘大学心理臨床センター紀要: 心理相談研究 2, 25-30.

第六章　旅のふかまり
近藤恵子「語り合いで広がる言葉の世界『のはらうた』の世界を楽しもう」『作文と教育』2013年2月号／「『いじめのきもち』を読みあって」『作文と教育』2017年9月号／『人間を探す心の旅-子どもとつくる文学の授業』たかの書房, 1997. ── 菅 佐和子『「永遠の少年」の娘たち』星和書店, 1996.

おしまいの章
01 河合隼雄 (1969).『箱庭療法入門』誠信書房.
02 山中康裕 (2017).「Sandspiel 50年」箱庭療法学研究 29(3), 1-2.
03 東山紘久 (1994).『箱庭療法の世界』誠信書房.
04 岡田康伸 (1993).『箱庭療法の展開』誠信書房.
05 岡田康伸 (2015).「箱庭療法とファンタジーグループ」日本心理臨床学会学会賞受賞講演.
06 片坐慶子 (1984).「サンドプレイ-ドラマ法の試験的適用 ── ドラマについて」大阪教育大学: 障害児教育研究紀要 7, 61-69.
07 安福純子 (1990).「箱庭療法に関する基礎的研究(第2報) ── サンドプレイ-ドラマの検討」大阪教育大学紀要: 第Ⅳ部門 39(1), 171-181.
08 片坐慶子 (1990).「サンドプレイ-ドラマ法の試験的適用 ── 自分らしく生きられなかった女子学生の事例を通して」箱庭療法学研究 3(2), 79-91.
09 本田和子 (1979).「絵本における言葉」日本児童文学 25(12), 32-38.
10 安福純子 (1990).
11 長谷川千紘 (2011).「箱庭療法における物語作り法の検討」箱庭療法学研究 24(3), 35-51.
12 大前玲子 (2010).『箱庭による認知物語療法 ── 自分で読み解くイメージ表現』誠信書房.
13 服部良子 (1993).「自己不全感を訴えた一女性 ── 箱庭メルヘンとコラージュ」箱庭療法学研究 6(1), 37-48.
14 森 範行 (2007).「箱庭物語作り法を試みた中三女子の一例 ── 父の急死、不登校、退学から新たなる旅立ちへ」岡田康伸ほか編『箱庭療法の事例と展開』創元社, pp.244-255.
15 杉岡津岐子 (2007).「箱庭療法と物語 ── 昔話や神話、童話、ファンタジー」岡田康伸ほか編『箱庭療法の事例と展開』創元社, pp.97-109.

第二章　つながりをつくる旅

Chevalier, J., Gheerbrant, A. (1982). Dictionnaire des Symboles. Robert Laffont et Jupiter J.　金光仁三郎・熊沢一衛・小井戸光彦・白井泰隆・山下誠・山辺雅彦訳 (1996).『世界シンボル大事典』大修館書店.
東山紘久 (1994).『箱庭療法の世界』誠信書房.
河合隼雄 (1967).『ユング心理学入門』培風館.
木村晴子 (1985).『箱庭療法 ── 基礎的研究と実践』創元社.
小森國寿・菅 佐和子 (2014).「『箱庭-物語(サンドプレイ-ドラマ)法』を喪の仕事に役立てるための一試み」ヒューマン・ケア研究 15(1), 22-33.
三木アヤ (1992).『増補・自己への道 ── 箱庭療法による内的訓育』黎明書房.
岡田康伸 (1993).『箱庭療法の展開』誠信書房.
菅 佐和子 (2003).「サンドプレイ-ドラマ法を用いた自己探求の一試み ── 現代日本女性の攻撃性と母娘関係について」京都大学医療技術短期大学部紀要 23, 13-22.
上橋菜穂子 (1996).『精霊の守り人』偕成社.

第三章　道はつづく

東山紘久 (1994).『箱庭療法の世界』誠信書房.
池上永一 (2008).『テンペスト』角川書店.
河合隼雄 (1967).『ユング心理学入門』培風館.
木村晴子 (1985).『箱庭療法 ── 基礎的研究と実践』創元社.
小森國寿・菅 佐和子 (2014).「『箱庭-物語(サンドプレイ-ドラマ)法』を喪の仕事に役立てるための一試み」ヒューマン・ケア研究 15(1), 22-33.
宮崎 駿 (2008).『崖の上のポニョ』スタジオジブリ.
中垣ますみ・菅 佐和子 (2016).「『箱庭ー物語法(サンドプレイ-ドラマ法)』による自己探求の試み 1 ── 成人男性の事例を通して」京都橘大学心理臨床センター紀要: 心理相談研究 2, 69-76.
菅 佐和子 (2003).「サンドプレイ-ドラマ法を用いた自己探求の一試み ── 現代日本女性の攻撃性と母娘関係について」京都大学医療技術短期大学部紀要 23, 13-22.

第四章　穏やかに　静かに

アト・ド・フリース (1984).『イメージ・シンボル事典』山下主一郎ほか訳,大修館書店.
河合隼雄 (2002).『物語を生きる』小学館.
中垣ますみ・菅 佐和子 (2016).「『箱庭-物語法(サンドプレイ-ドラマ法)』による自己探求の試み 1 ── 成人男性の事例を通して」京都橘大學心理臨床センター紀要: 心理相談研究 2, 69-76.
岡田康伸 (1993).『箱庭療法の展開』誠信書房.
菅 佐和子 (2016).「『箱庭-物語法(サンドプレイ-ドラマ法)』の起源と展開過程を辿る」京都橘大学心理臨床センター紀要: 心理相談研究 2, 25-30.
菅 佐和子 (2017).「自己探求の方法としての『箱庭-物語法』の有用性についての一検討 ── 約5年後の振り返りを通して」京都橘大学心理臨床センター紀要: 心理相談研究 3, 77-85.

33 菅 佐和子 (2003).
34 岡田康伸ほか編 (2007).『箱庭療法の事例と展開』創元社, pp. 97-256.
35 織田尚生・大住 誠 (2008).『現代箱庭療法』誠信書房.
36 大前玲子 (2010).『箱庭による認知物語療法 —— 自分で読み解くイメージ表現』 誠信書房,pp. 2-23.
37 長谷川千紘 (2011).
38 Kalff, D.M. (1966).
39 Koch, C. (1957). Der Baumtest; der Baumzeichenversuch als psychodiagnostisches Hilfsmittel 3 Auflage. Huber. 岸本寛史ほか訳 (2010).『バウムテスト[第3版] —— 心理的見立ての補助手段としてのバウム画研究』誠信書房, pp.19-54.
40 東山紘久 (1994).
41 Worden, J.W. (2008).
42 Worden, J.W. (2008).
43 片坐慶子 (1990).
44 東山紘久 (1994).
45 長谷川千紘 (2011).
46 Worden, J.W. (2008).
47 Koch, C. (1957).
48 河合隼雄編 (1969).
49 東山紘久 (1994).
50 Jung, C.G. (1944). Psychologie und Alchemie. Rascher-Verlag. 池田紘一・鎌田道生訳 (1976).『心理学と錬金術』人文書院.
51 Ryce-Menuhin, J. (1992).
52 Worden, J.W. (2008).
53 Jordan, J. (2001). Is suicide bereavement different? A reassessment of the literature. Suicide & Life-Threatening Behavior 31, 91-102.
54 Worden, J.W. (2008).
55 菅 佐和子 (2003).
56 Kalff, D.M. (1966).
57 Bowlby, J. (1980).
58 Worden, J.W. (2008).
59 長谷川千紘 (2011).
60 三木アヤ (1977).
61 三木アヤ (1977).
62 長谷川千紘 (2011).
63 長谷川千紘 (2011).
64 Worden, J.W. (2008).
65 Parkes, C.M. & Weiss, R. (1983). Recovery from Bereavement. Basic Books.
66 Hawton, K. & Simkin, S. (2003). Helping people bereaved by suicide. Their needs require special attention. British Medical Journal, 327, 177-178.
67 Worden, J.W. (2008).
68 Ryce-Menuhin, J. (1992).
69 東山紘久 (1994).
70 Worden, J.W. (2008).
71 Worden, J.W. (2008).

02 三木アヤ (1977).『自己への道』黎明書房.
03 東山紘久 (1982).『遊戯療法の世界 ── 子どもの内的世界を読む』創元社.
04 片坐慶子 (1984).「サンドプレイ・ドラマ法の試験的適用 ── ドラマについて」大阪教育大学障害児教育研究紀要 7, 61-69.
05 片坐慶子 (1990).「サンドプレイ・ドラマ法の試験的適用 ── 自分らしく生きられなかった女子大生の事例を通して」箱庭療法学研究 3(2), 79-91.
06 安福純子 (1990).「箱庭療法に関する基礎的研究(第2報) ── サンドプレイ-ドラマの検討」大阪教育大学紀要: 第IV部門 39(1), 171-181.
07 岡田康伸 (1993).『箱庭療法の展開』誠信書房.
08 菅 佐和子 (2003).「サンドプレイ-ドラマ法を用いた自己探求の一試み ── 現代日本女性の攻撃性と母娘関係について」京都大学医療技術短期大学部紀要, 23, 13-22.
09 長谷川千紘 (2011).「箱庭療法における物語作り法の検討」箱庭療法学研究 24(3), 35-51.
10 東山紘久 (1994).『箱庭療法の世界』誠信書房, pp. 9-120.
11 河合隼雄編 (1969).『箱庭療法入門』誠信書房, pp.31-45.
12 Worden, J.W. (2008). Grief Counseling and Grief Therapy: A Handbook for the Mental Health Practitioner. Fourth Edition. Springer Publishing Company. 山本力監訳 (2011).『悲嘆カウンセリング ── 臨床実践ハンドブック』誠信書房, pp.5-202.
13 Neimeyer, R. (2000). Searching for the meaning of meaning: Grief therapy and the process of reconstruction. Death studies 24, 541-558.
14 Neimeyer, R.(Ed.) (2001). Meaning Reconstruction and the Experience of Loss. American Psychological Association.
15 Freud, S. (1917). Mourning and Melancholia: The Standard Edition of the Complete Psychological Works of Sigmund Freud, Volume XIV (1914-1916): On the History of the Psycho-Analytic Movement, Papers on Metapsychology and Other Works, pp.237-258. 井村恒郎訳 (1970).「悲哀とメランコリー」『フロイト著作集6 自我論・不安本能論』人文書院, pp.137-149.
16 Kübler-Ross, R. (1969). On beath and bying. Macmillian.
17 Parkes, C.M. (1972). Bereavement: Studies of Grief in Adult Life. International Universities Press.
18 Parkes, C.M. (2001). Bereavement: Studies of Grief in Adult Life (3rd ed.). Taylor & Francis.
19 Parkes, C.M. (2006). Love and Loss: The roots of Grief and its Complication. Routledge.
20 Bowlby, J. (1980). Attachment and Loss, Vol.3. Loss: Sadness, and Depression. Basic Books.
21 Worden, J.W. (2008).
22 木村晴子 (1985).『箱庭療法 ── 基礎的研究と実践』創元社, pp11-55.
23 Kalff, D.M. (1966).
24 河合隼雄編 (1969).
25 三木アヤ (1977).
26 片坐慶子 (1984).
27 片坐慶子 (1990).
28 木村晴子 (1985).
29 安福純子 (1990).
30 Ryce-Menuhin, J. (1992). Jungian Sandplay: The Wonderful Therapy. Routledge. 山中康裕監訳 (2003).『箱庭療法 ── イギリス・ユング派の事例と解釈』金剛出版, pp.38-107.
31 岡田康伸 (1993).
32 東山紘久 (1994).

初 出

はじまりの章／おしまいの章　菅 佐和子「『箱庭-物語法』(サンドプレイ-ドラマ法)の起源と展開過程を辿る」京都橘大学心理臨床センター紀要: 心理相談研究 2, 25-30, 2016 をもとに加筆・書きおろし.

第1章　小森國寿・菅 佐和子「『箱庭-物語(サンドプレイ-ドラマ)法』を喪の仕事に役立てるための一試み」ヒューマン・ケア研究 15-(1), 22-33, 2014 をもとに加筆・書きおろし.

第2章　中垣ますみ・菅 佐和子「『箱庭-物語法(サンドプレイ-ドラマ法)』による自己探求の試み1 ── 成人男性の事例を通して」京都橘大学心理臨床センター紀要: 心理相談研究 2, 69-76, 2016 をもとに加筆・書きおろし.

第3章　書き下ろし

第4章　菅 佐和子・吉田晴美・岡部世里佳・大黒麻木・佐藤可南子「穏やかに、静かに展開した『箱庭-物語法』の1事例」京都橘大学心理臨床センター紀要: 心理相談研究 4, 47-55, 2018 をもとに加筆・書きおろし.

第5章　菅 佐和子・佐藤可南子・岡部世里佳・大黒麻木「自己探求の方法としての『箱庭-物語法』の有用性についての一検討 ── 約5年後の振り返りを通して」京都橘大学心理臨床センター紀要: 心理相談研究 3, 77-85, 2017 をもとに加筆・書きおろし.

第6章　書き下ろし

文 献(文献番号の付されていないものは参考文献)

はじまりの章
01 三木アヤ (1992).『増補・自己への道 ── 箱庭療法による内的訓育』黎明書房.
02 岡田康伸 (1993).『箱庭療法の展開』誠信書房.
03 東山紘久 (1994).『箱庭療法の世界』誠信書房.
04 三木アヤ (1992).
05 河合隼雄 (1977).　三木(初版本)の解説.
06 三木アヤ (1997).『茜の座標 ── 三木アヤ歌集』短歌新聞社.
07 馬場あき子 (2009).「短歌セミナー」『短歌新聞社選書』
08 三木アヤ (1992).

第一章　うしなうことを巡って
01 Kalff, D.M. (1966). Sandspiel.　河合隼雄監訳 (1972).『カルフ箱庭療法』誠信書房, 山中康裕監訳 (1999).『カルフ箱庭療法[新版]』誠信書房.

著　者　（50音順）

大黒　麻木　ユリノキ「箱庭-物語法」研究会

岡部世里佳　ユリノキ「箱庭-物語法」研究会

奥澤　嘉久　北部教育相談研究会

小森　國寿　陸上自衛隊滝ケ原駐屯地

近藤　恵子　枚方市「心の教室」相談員

佐藤可南子　ユリノキ「箱庭-物語法」研究会

永尾　彰子　ユリノキ「箱庭-物語法」研究会

中垣ますみ　京都教育大学教職キャリア高度化センター

吉田　晴美　ユリノキ「箱庭-物語法」研究会

編著者

菅 佐和子（すが・さわこ）

1949年生まれ。1977年、京都大学大学院教育学研究科博士課程単位取得満期退学、教育学博士。愛知医科大学精神科、愛知女子短期大学勤務を経て、1991-2013年: 京都大学医療技術短期大学部・京都大学医学部保健学科・京都大学大学院医学研究科人間健康科学系専攻教授。2013-2015年: 関西看護医療大学教授。2015-2018年: 京都橘大学健康科学部心理学科教授。現在、深草YYOS研究所。臨床心理士。

○ **著書**: 『思春期女性の心理療法』〔創元社, 1988年〕、『「永遠の少年」の娘たち』〔星和書店, 1996年〕、『こころがスーッと楽になるナースの人づきあい心理学』〔メディカ出版, 2007年〕。

○ **編著**: 『事例に学ぶ不登校』〔人文書院, 1994〕、『教師が取り組む不登校』〔人文書院, 1997〕、『新しい教養のすすめ 心理学』〔昭和堂, 2001年〕、『彼女がイジワルなのはなぜ?』〔とびら社, 2002年〕、『医療現場に生かす臨床心理学』〔朱鷺書房, 2004年〕、『思春期心理臨床のチェックポイント』〔創元社, 2005〕、『心理臨床的支援の方法』〔新曜社, 2010年〕。

○ **共著**: 『箱庭療法学研究 1』〔誠信書房, 1982年〕、『青年期危機の心理臨床』〔福村出版, 1984年〕、『臨床心理学』〔弘文堂, 1995年〕、『健康心理学』〔丸善, 2005年〕、『職場のメンタルヘルス相談室』〔新曜社, 2009年〕、『看護ケアのコミュニケーション術』〔医学芸術新社, 2009年〕、『心理臨床の深まり』〔創元社, 2011年〕ほか多数。

kodachi no bunko

箱庭《はこにわ》ものがたり
こころの綴《つづ》りかた教室《きょうしつ》

2020年1月23日　初版第1刷発行

編著者　菅 佐和子

発行者　津田敏之
発行所　株式会社 木立の文庫
〒600-8449　京都市下京区新町通松原下る富永町107-1
telephone 075-585-5277　faximile 075-320-3664
https://kodachino.co.jp/

造　本　中島佳那子

印刷製本　亜細亜印刷株式会社

ISBN 978-4-909862-08-2　C1011
© Sawako Suga 2020　Printed in Japan

そっと kodachi-no

“こころの対話”をめぐる
四人のドキュメンタリー

もの想うこころ

生きづらさと共感　四つの物語

村井雅美

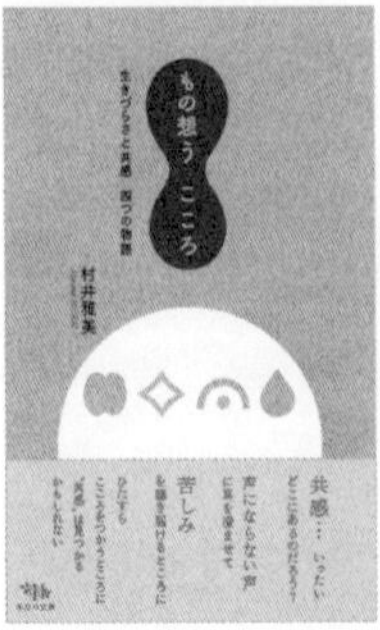

目の前の人と“今こころが通った”という瞬間がありませんか？
そんな瞬間が訪れる手前には、「自分のこころに相手のこころの包みが届けられて、その紐をそっと解く」感覚がないでしょうか？

四六判変型上製144頁　　本体2,200円
2019年10月刊行